芸

秘伝伝授の世界

西山松之助

講談社学術文庫

目次

芸

第一章　芸道の成立

1　芸と芸道

芸とはなにか

芸というのは、私たちが踊る、絵を描く、字を書く、あるいは非常に素晴しい料理のにおいをかぐ、香のなんであるかをかぎ分ける、そういうかぐとか、また味わうとか、話すとか、弓を射るとか、バイオリンを弾くとか、尺八を吹くとか、あるいは芝居を演じる、花を生けるといったような、私たちの体の全体、または一部を働かせることによって文化価値を創造するとか、あるいは直接の創造でなくても古典の名曲を舞台で演じるというような再創造も同じく文化価値の創造だが、このようになにかをすることによって文化価値を創造するという働き、それが芸というものである。しかし、その芸は、それではすべてが芸として見るにたえるものであるか、聞くにたえるものであるか。つまり、それを人に見せたり鑑賞してもらうための芸というものになっているかどうか、これはきわめてむずかしいことである。そのことを考えてみるために具体的に、いくつかの例を挙げて考察してみたいと思う。

まず能楽の金剛流に「雪」というのがあって、それはシンシンと降る雪というものを実によく表現している能である。歌舞伎にもまた、大太鼓で雪音を打つというのがある。ドン――ドン――ドン、という大太鼓を、撥《ばち》の先に布を巻きつけて間を置いて打つのである。この音が、たとえば「新口村《にのくちむら》」の梅川・忠兵衛が、雪のなかを歩いてくるところであるとか、あるいは「金閣寺」の雪姫の場面であるとか、新劇の「五稜郭血書」の一つの場面でも雪音というものが大太鼓で打たれる。白装束の鷺娘が舞台に登場してくるときにも、大太鼓は雪音を打つ。この雪音は、見事な芸である。雪に音があるはずはないのだが、われわれは舞台でそれを見ていると、いかにも雪の状態が感じられる。また、歌舞伎の場合には、雪音が大太鼓で打たれると同時に、小さく三角に切った紙切れをかごのなかから降らせるのである。この三角の紙も雪の結晶とは全くちがったものであるが、静かな雪であることもあるし、また吹雪のように舞い散る雪であることもあるのだが、実によく雪を表現している傑作だといえる。つまり、雪に音があるわけではない雪音を打って雪を感じさせる。三角の紙切れを雪と見せる。これは江戸の庶民が創造した歌舞伎の雪の芸というものだといってよいと思う。

歌舞伎では、さらにいろいろな音を創造して、お囃子《はやし》方《かた》といわれる人たちが黒御簾《みす》のなかで、様々な楽器を用いて、すぐれた情景を演奏することに成功した。それらのことはいちいち述べるわけにいかないが、たとえばこだまの合い方などというのもその一つである。「妹背山」の山の段で吉野川をさしはさみ、両花道で登場してくる大判事と定高の二人が悲劇の前ぶれ、桜の枝を持って出てくるときに、黒御簾で小鼓をポンポンと打つ。すこし間をとって、ずっと上手の奥のほうでまた小鼓をポンポンと打つ。しばらくして今度はポンと一つ、これにこだまするごとく奥でもポンと一つ打つ。これが何度かくりかえされる。これがこだまの合い方というものである。このこだまの合い方は、小鼓によるこだまの音の擬音と考えていいのだが、山深い吉野の様子を歌舞伎座の劇場のなかにほうふつさせるものである。このほかたとえば舞踊の「汐汲」であるとか、あるいは「毛剃九右衛門」の日本海の大きな密貿易船の情景のなかで打たれるとか、また山本安英さんの名演である「夕鶴」のなかでもこだまの合い方が打たれ、私はすばらしいと感じたことがある、こういうのはほんの少しの例だけれど、歌舞伎にはすぐれた合い方が沢山ある。これらは歌舞伎の創造した音の芸というものである。

私は東京に出てまもなく上野の鈴本という、まだ畳の座席しかない寄席で小勝という名人の「うなぎ」の話をしばしば聞いたことがある。小勝の「うなぎ」は、うなぎをつかまえて、逃げよう逃げようとするうなぎの頭を、次から次に親指を前に出してそれをつかもうとするところが実に真に迫って、いかにもうなぎを感じさせたものである。ところが小勝が、うなぎというものは頭のほうへは逃げないものである、しっぽへしっぽへ逃げるという、うなぎの性質があるのだが、しっぽへしっぽへ逃げようとするうなぎを演じては話にはならないといいながら、本当のうなぎでないうなぎを実に巧みに演じたことを思い出す。芸というのは、現実にあるがままのものではなくて、全く違ったものでありながらいかにもそれが真実であるというものとして見せる。そういう虚なるものによって実なるものを表現することである。芸とはこういう論理と美学を本性としているようである。

三遊亭圓朝の傑作の一つに「塩原多助」という人情噺がある。そのなかで青という愛馬と別れるところがあって、この場面が当時、世の評判を呼んだそうである。今もそれが語り草として、いろんな人に語り継がれているのだが、多助は青という馬に向かって、「おまえは畜生だから話してもわかるめえが」といって、客のほうを多助が見ていると、右手にポタッと落ちた馬の涙を感じて、それを見て、「てめえ、泣いているだなあ。涙を落としたなあ」といって馬に話しかける。馬が涙を落とすわけはないのだが、圓朝という名人は、この馬に涙を落とさせることによって、塩原多助の人情噺というすぐれた名演、つまり芸を創造したのである。

このように芸というものは、最初に述べたように、われわれの体のいろんな感覚を使って見たり聞いたり味わったり、演じたりということによって文化価値を創造する活動、それは芸なのだけれども、芸が芸であるということは、すること、演じること、つくるものは具体的なものそのものではなくて、そうでない虚なるものをつくることによって、現実の実なるものより一層ものそのものであるという虚をつくる、それが芸というものである。

虚・造化・花

近松は、有名なことばで、芸ということを述べていて、『難波土産』の書物のなかに、「虚実皮膜の間に芸の真実というものがある」のだといっているが、このことばはきわめて有名なので、誰でもよく知っていると思う。つまり虚と実、皮と膜という、虚でもない実でもない、人間の表皮、あるいは膜でない、なにかわからないけれども、ものそのものでないところに芸の真実なるものがある。その真実なるものこそ、生《なま》のものでなく、そこに実在する実なるものよりも一層実なるものとしてあるものなのであって、それをそうあらしめるものが芸というものである。芸の本性・本体・本質というのはこのように見てよいと思う。

このことについて芭蕉は、この虚なるものというのを風雅の真ということばで表現していて、芭蕉のいろいろな芸術論のなかに、それが伝えられている。『去来抄』にもあり、また『笈の小文』というなかで、芭蕉は「西行の和歌における、宗祇の連歌における、雪舟の絵における、利休が茶における、その貫道するものは一なり。しかも風雅におけるもの、造化にしたがひて四時を友とす。見る処、花にあらずといふ事なし、おもふ所、月にあらずといふ事なし、像《かたち》花にあらざる時は夷狄《いてき》にひとし。心花にあらざる時は鳥獣に類す。夷狄を出、鳥獣を離れて、造化にしたがひ、造化にかへれとなり」といっている。つまり造化というのは、風雅の極意という意味であって、流転の現世にありながら変わることなき風雅の世界というものを芭蕉は見ているのである。私たちの体であるとか心であるとか、身心が花であり月である流転の世界のなかに虚なるものを見出す。それこそ実なる世界であるというのである。

世阿弥は『風姿花伝』のなかで花ということを説いたが、これもまた芸の端的なる表現と見てよいであろう。ごくざっとであるが、『風姿花伝』のなかに見える、世阿弥の述べた花を見てみると、「時分の花、第一の花、当座の花、誠の花、身の花、外目《そとめ》の花、老骨に残りし花、時の花、声の花、幽玄の花、わざよりいくる花、年々去来の花、秘する花、因果の花、無上の花、一旦の心の珍しき花、誠に得たりし花、花なくば、花失せて、狂うところを花に当てん、面白きところを花に当てん、この道はただ花が命なるを」というような表現で述べている。世阿弥の花とは「花と面白きと珍しきの三つは、同じ心」だとも述べており、「花は見る人の心に珍しきが花なり」とも言っている。つまり、これは見る人が感銘をするというのが花と見ているわけである。つまり芸というもの、すなわち虚なるものというのは、本当のものよりももっと本当のものであると見える、虚なる舞台表現の秘密が世阿弥のいう花だとすれば、これは芸の本質的なことを巧みに表現したものといえよう。世阿弥が次のようにいっている一節も味わうべきである。「咲く道理も散る道理も人の心のままなるべし」。世阿弥の花は、人々の心がそこに遊び、楽しみ、珍しく、面白く思う心の世界の象徴である。その花の世界は芭蕉のいう造化にかえる花の世界と同じであると考えられる。世阿弥は、その花を具体的に演じるのにいろいろな花として述べ立てたのだといえる。だから、どんなに年をとっても花をなくしてはいけないし、花を演じなければならないと主張したのであって、花というのは芸の最も苦心さんたんして表現する、私が右に述べた虚なるものこそ、実は、実なるものよりもっと実なるものとしての本質、それを世阿弥は花と見たようである。「鬼を演じても、巌に花の咲かんがごとし」、鬼にも花を演じなければならない。花を期待する目に、寂びた、冷えた、しおれた花を演じるようにと述べたことは、私たちが自然に咲き乱れているフラワーとしての花以上の花を見ていたといえる。つまり、この世にフラワーとしての花を〝花〟といっているような花を否定した花、散らぬ花――散らぬ花というのは、はらはらと散らぬ花というようなのではなくて、いつまでも年をとってもそこに咲かせることのできる花というものを世阿弥は発見した。それが世阿弥の偉大なる芸の発見であったと私は考えるのである。

このように見てくると、芸というのは物そのものでないもので、物そのものを如実に表現する、あるいは演じるという場合の芸というものが考えられる。この芸は織物であるとか染物であるとか、あるいはいろいろな写真を組み合わせたデザインといったような、すべての世界において考えられるものであって、生なもの、現実に存在する花というものをいかに否定して、ものそのものよりもさらに典型的なものそのものであるという実なるものを虚において表現するかということが芸の秘密であるということができる。

鑑定・鑑賞する芸

右に述べた芸というのは、物を演じるとか、つくり出す場合における芸であるが、すでにすぐれたものをつくり出したものを鑑定するとか、鑑賞するという芸もあるのである。たとえばロドリーゲスという宣教師が著した『日本教会史』という本を読むと、そのなかに竹屋という日本刀の鑑定家が百本の刀を一本も誤りなく鑑定したという話が記されている。二代将軍秀忠の命令で、竹屋は百本の刀を鑑定するように命じられ、一本一本目利きをしたところが、ただの一本も間違いなく、正確に百本の刀を鑑定した。それで将軍からほめられて、竹屋がキリシタンであったことも許してもらえるという特命をこうむったけれども、竹屋はそういうことを受けなかったという美談が記されている。おそらくロドリーゲスは、百本の刀の作者を一本も間違いなく鑑定したという日本の刀剣鑑定家に驚きの目を見張ったのであろうと思われる。

また千利休という茶人がすぐれた目利きであって、茶道具の様々な名品をたくさん発掘したことは有名であるが、茶室の床の間に掛物などをかけるための隠しくぎを打つ、そのくぎの位置が自分の定めた位置よりも一分狂っていたということを見抜いて、「これは狂っている」といったという有名な話が伝わっているけれども、一分のちがいということは、利休にとってはおそらくきわめて大きな美のちがいであるということであって、利休における美意識というものはきわめて厳しいものであったということができる。

私は、いま利休をはじめ織部・遠州・石州、利休の子孫である道安・少庵・宗旦その他多くの当代の茶人たちの茶杓を細かく調査しているが、たとえば利休の茶杓にしても遠州の茶杓にしても、ほんのわずかの、おそらく百分の一ミリという削り方の相違が、小さな竹の道具である茶杓の美を決定しているということができる。それほど本当の美を創造するということは厳しいものである。逆にいえば、きわめて鋭く鑑賞する目の力というものがなければ、このような美をつくり出すことは不可能であったと思われるのである。

中国の古い話だが、伯牙と鍾子期という二人の相許した文化人がいた。伯牙の演奏する琴を鍾子期が「見事である」とたたえた。ところが鍾子期という鑑賞家が亡くなったということを聞いて、伯牙は自分の演奏を本当に鑑賞してくれる人がいなくなったと嘆いて琴の弦を断ってしまったという。本当の鑑賞という芸は、これまたきわめて困難なことであるといえる。

鑑定をするということにおいて日本人は、たとえば鶏の雛がかえったばかりのものを雌雄鑑別するということにおいて、世界的な能力を発揮するように、日本人の鑑定能力はきわめてすぐれている点があると考えられる。

私は姫路の第十師団歩兵第三十九連隊に入隊した当時、三八式歩兵銃の銃器検査を受けるにあたり、驚くべき話を聞いたことがある。それは、この三十九連隊に語り伝えられた話だということであるが、「鉄砲の神様物語」というのである。それは十師団の銃器検査官の一人に、「この鉄砲が悪い」と判断できる人がいて、その人が射撃して命中しないと、その銃はどちらかに狂っている。そのため金づちを持っていて、一丁の金づちを三八式歩兵銃の銃身修正のために、チョーンと打ちつけて修正をすると、弾が正しく当たるようになるというのである。本当かどうか信じることはできない面がある。しかし、そのような話が「鉄砲の神様物語」として第十師団歩兵第三十九連隊に物語として伝えられていたということは、ねらいを定めてものを撃つという兵器の時代において、その兵器を鑑定する超能力の人が存在しえたということを物語っているものである。おそらくそのように磨きに磨いた感覚能力の世界というものは、存在しえたものと考えられるのである。

現代の大量生産の時代においても、たとえば分光器の光線に鉱石の様々な要素が研ぎ出された瞬間に発光するその光によって、その鉱石がなんという金属であるかということを明確に鑑定をする現代の名人がいる。これなどは、金属光線の光というものに対する、きわめてすぐれた能力の訓練、練磨ということによって到達した現代の名人鑑定家の世界であるということができる。

このように考えてみると、こののこぎりがいいのこぎりであるか悪いのこぎりであるか、鋼の力が強いか弱いか、そういうものがのこぎりに触れたとたんに鑑定をすることができるというのこぎり鑑定の話などとともに、感覚をきわめて厳しく洗練・鍛練・訓練することによって、われわれには超能力と思われるような力を発揮する非凡な鑑定眼を養うことができる世界があるのである。

このような鑑定の世界、鑑賞の世界のすぐれた能力というのも芸ということで、日本では古くから高い評価がなされてきたのである。

以上のように日本における芸の世界は、歌うとか踊るとか描くとか聞くとか話すとか乗るとか削るとか演奏するというような、われわれの体を働かせることによって、なんらかの文化価値を創造するという形の芸、すでにすぐれたものがつくり出されているものを鑑定するとか鑑賞する世界において、とぎすまされた芸を磨くという場合とがあるのだが、いずれにしても芸の世界は、われわれの感覚をきわめて微妙な働きにおいてつくり上げたところの文化であるということができる。

2　型の論理

芸を修得するための型

以上、芸とはどういうものであるかということについて述べたのであるが、芸はこのようにわれわれが生なるもの、つまり花としてのフラワーというもの、あるいは耳に聞こえる自然の様々な音のようなもののなかから、生のもの以上の実なるもの、本当のもの、そういう虚をつくり出すことが最も重要な芸の本質ということができると思う。このようにしてつくられた芸は、一人一人の個性というものがつくり上げていくものであるから、同じセミの声を音楽にしたり、あるいは秋、あるいは冬、四季おりおりの花、風景などを絵にした場合は、一人一人のちがった表現の姿をとることはいうまでもないのだが、どのように表現するのがいいのかというような形で舞台の妙技を見せるための法則とか、しかたというような型というものがしだいに成立することになってきたのが日本の芸道における重要な特色だということができる。つまり型というものは、多くの人が絵を描こうとか、字を習おうとか、あるいは剣道を習おうとか、柔道を学ぼうとか、お茶を点てようとかするときの手本、決まりが型というものである。つまり芸は非常に厳しいものであるので、芸を修得するための手だてとしての型というものができてきたのであるけれども、その型とはいったいなにかということを次に述べてみたいと思う。

間

まず型というものを考えてみると、私の考えでは型というものは時間的・空間的に間《ま》というものを切断し、それを定着させて、形を与えたものというふうにいえると思う。ではその間というのはなにかということから考えていかないと、型というものがよくわからないと思うので、間の問題から考察を進めることにしたい。

間という問題は、日本の芸道における歴史のなかにおいては、おそらく中世の室町期の終わりか、近世の初めごろに概念的には成立してきたものだと考えられるが、これはまだ正確にとらえられていない。しかし、間というのは時間的・空間的に〝世の中〟というようなことばのなかからも考えられるように、原始以来、日本でも問題になってきたものと思われる。『万葉集』に「世間《よのなか》を常無きものと今ぞ知る平城《なら》の京師《みやこ》の移ろふ見れば」とか、「世間《よのなか》はまこと二代は行かざらし過ぎにし妹に逢はなく思へば」という歌などから、人間の一生、あるいは人の社会というのは世間《よのなか》・世の中として『万葉集』にはとらえられているのである。山上憶良の『貧窮問答歌』のなかにも、最後のところに「かくばかりすべなきものか世間《よのなか》の道」とあり、あるいは八九三番の歌には「世間《よのなか》を憂しとやさしと思へども飛び立ちかねつ鳥にしあらねば」といったような、世間《よのなか》という、世間という字であらわされている言葉は重要だと思う。たとえば井上忠司氏の『「世間体」の構造』という書物のなかでは、こういう歌の世間《よのなか》ということばが仏教用語として伝来したというふうに、いろいろな学説などを挙げて考えているのだが、そういう一面も考えられるが、本質的にはそうではなくて、この世間は日本の原始以来の固有な考え方だと思う。

私はかつて学生のころに聞いた、務台理作《むたいりさく》先生の講義にもとづいて考えると、「世の中」というのはおそらく原始以来の日本語であったのであろうと考えたい。たぶん務台先生は、どの書物にも書いておられないと思うのだが、世の中というのは〝世〟の〝中〟である。世は竹の節、つまり〝節《よ》〟。竹の節は切れ目切れ目の一つの限定されたもの、それを日本では世といった。その世は世代としての、あの人たちの時代、次の時代という世と、世の移り変わりという時間的な展開の節目並びに世の中という空間的な広がりとしての世、そういう世で囲まれた間、その中が世の範囲内であって世の中というものである、というような講義をされたことを思い出すのである。もう四〇年も前の記憶なので、このとおりにおっしゃったかどうかは怪しいのだが、話の筋目はこのようなことである。つまり世というのは節目である。その節目は時間的な節目、空間的な節目、世の中というのはそのような意味で、時間・空間両方をあらわす『万葉集』の歌の意味、それは仏教の思想というよりは、むしろ日本人が世として意識をしてきた限定的な文化意識というものであったと考えていいと思うのである。夜のヨというのも、時間の限定として暗黒の寝る時間が夜《よ》と考えられたのではないかと私は思うのであるが、元来、日本語では世の中が世間という空間の広がりであり、同時に世という時間的な間でもあって、世によって限定されることによって間ができてきたのだと私は考えている。そして、こういう日本の世によって切断された間の概念が、中国やインドの思想や文字でたいへんわかりにくくなっているのではないかと思うのだが、そういう論理を明らかにすると、間というものがどのようなものであるかということがわかってくるのではないかと考えるのである。

間と型

つまり、時間と空間を切断した〝間〟というものが芸のうえで大きな問題になってきたというのは、いつごろのことであろうかと考えてみると、それは原始以来、問題であったはずなのだが、それが芸の技法のうえで、時間と空間の間のとり方というものを〝型〟というような形に整理をして、その型というものが多くの人の学ぶ一つの手だてとしての通路になるという時代、そのころに私は間を切断した型というものが大きな意味をもつことになってきたのであろうと思うのである。つまり、それは貴族の世界に展開した遊芸であるとか、あるいは武家の世界に展開した武芸という日本文化の流れのなかにおいて〝芸〟というものが問題になり、それが一つの厳しい文化の成果として、多くの人がそれによって道を学ぶという通路になるような形式となり秘伝書となり、教科書となるというようなときに問題化してきたのである。つまり間というものが型として客体化されるようになって、そこに伝授の体系などができるようになったとき、間は日本文化のなかにおける重要な考察対象表現の秘密というようなものとして意識されるようになってきたように考えられるのである。しかし、それがどの時代、どの文献に表現されているかは私はまだ確かめることができないのである。

このように間というものについては、日本の芸の世界においてはきわめて重要なものであるというふうに考えられているものであるけれども、なお十分にその展開の歴史的実態というものは把握されていないと思う。

このように間というものは、芸の世界においては空間構成の問題、時間の切り方の問題、たとえば音楽の拍子であるとかいうものはきわめて微妙に展開されていくわけで、それをうまく体得することはきわめてむずかしいことである。また絵の世界であるとか、あるいはいけ花の世界であるとか彫刻の世界の場合なども同様にむずかしい問題である。たとえば、彫刻ならばどうムーブマンをつくるか、あるいはいけ花ならばどのように空間構成をつくるか、あるいは絵画ならば、平面のうえにどのような立体構造の虚を巧みにつくり出すかというような問題が間の問題としてきわめてむずかしい論理をもっているわけである。しかし、そういう間をどのようにつかむかということの方法が型というものであって、どの間をどう切ったらこのような素晴しい芸になるのかということが、様々な形で文章となり、あるいは図となりというようなことで成立してきたのが日本の多くの芸の世界においては、一六世紀から一七世紀にかけての時期であったということができる。

したがって、間が非常に大きく問題になったのも、その時期のことであろうと推察される。

型とはなにか

ところで、間が定着されて型になるわけであるが、型というものが、それではどういうものであるかということについて、少し具体的に論じてみたいと思う。型というのは、歌い方であるとか、弓の引き方であるとか、馬の乗り方とか、琴の弾き方、槍の使い方、落語でいろんなことを話す話し方、舞台でお芝居を演ずる演じ方踊り方ということから、さらには礼法の動作のしかた、お茶の点て方、食事の場合のいただき方、音楽の聞き方、泳ぎ方、書き方などいろんな仕方、何々の仕方ということが日本語にはある。そのような仕方というのは、漢字の型という字を充てることによって、実は日本人の行動原理としての仕方というものが限定化されてしまったうらみがある。つまり型というものは、歌い方にしても弾き方にしても規範という、法則性というものを表現すると同時に、一つの大きな拘束性というものをもっているものだということができる。

たとえば、日本人だから私は日本語を話すわけである。その日本語は、でたらめに話すわけではない。それこそ、世の中のいろいろな仕組みのなかで、こういう時にはこのように話す。このような場合には、これこれの言葉は話してはならないというようなことがきまっている。これが日本語の型である。それは規範性というものである。法則性といってもよい。そこに何千年もの間に、この島国の日本民族の伝統的社会生活のなかで、法則化したものである。

こういう日本語のもっている型の規範性というものは、どうもこれはいやだから自分はやめにする、と考えて、やめたとしても、それは、ひとりではやめることはできない。日本民族全体による拘束性を脱却することはできないのである。

芸の世界の型というものは、一定の法則とか規範性をもつと同時に、日本語と同じように、その芸の世界の人になれば、すべての人たちが、その芸の型によって、何らかの厳しい拘束をうけるものである。

弾き方とか、演じ方とか、点て方とか、打ち方、書き方などの「かた」が何も問題にならないような時代には、芸の世界に規範性も拘束性も問題にはならなかった。それが芸の道に多くの人が集まり、そこに芸の型というものができてくることになると、規範性・法則性ということと同時に、拘束性によってその芸に縛られるということが生じてくるのである。

型と芸道

型というものは、そのような芸を多く学ぶことによる、文化社会というものが成立してくることによって、成立してきたものであるということは以上のとおりであるが、この芸を多くの人が学ぶという文化社会、それはつまりいろいろな芸の道の文化社会というものであって、日本では芸道といわれる社会である。

たとえば茶道であるとか、香道であるとか、華道であるとか、そういう道、さらには弓の道・剣の道・槍の道・棒術の道といったような武芸の道、そういう芸の道というものが、多くの人たちによる文化社会として成立してくるときに、芸道という文化社会が成立してくる。そこにこの型というものが大きく確立されて、そして規範性を持ち、拘束性を持つ文化にまで定着してくることになったと考えられる。

この芸道という問題は、芸の道という世界でだけ考えられることであって、道というのはこのほかにもいろいろ考えられる面がたくさんある。たとえば私たちが歩くための道、通路、そういう道をはじめ、陸の道・海の道・空の道・人の道・シカの道・タヌキの道、さらには仏道・儒道・修験道というような道もあれば、江戸時代には士農工商の四つの道というような表現もあったり、道の範囲というか、概念というか、それはきわめて広範なものであり、またそのような道に関する書物も、すぐれた研究書がいろいろある。しかし、ここでは芸の道――芸道ということに限定して考えていきたいと思う。つまり、日本の芸道というものは、それではいつごろから成立してくるものなのであるかという問題から、論じていきたい。

芸道の成立時期

早くに日本では、弓馬の道であるとか、歌の世界における芸の道であるとかという道は、平安時代・鎌倉時代を通じて、すでに行われるようになっているのであるが、芸道という形でこれが展開してくるのは、もう少し後の時代である。これまでのところ、「芸道」という語が初めて見えるのは、世阿弥の『却来花』という書物、これは永享五年（一四三三）の著であるが、この『却来花』のなかに、「やるかたなき二跡の芸道あまりに老心の妄執、一大事の障りともなるばかりなり」とあるのが初見のようである。つまり一五世紀の前半期に、日本では「芸道」という熟語としての芸の道が成立してくるわけで、具体的にはすでに芸のなかでも、弓とか馬とか歌とかという世界においては、早くに芸道は成立していたわけだが、このような熟語として、明確な形で芸道が展開してきたのは、一五世紀前半期のことであったといえる。

このほか、世阿弥の『花鏡』『至花道』『能作書』、こういう書物にも芸道ということばは見え、また康正二年（一四五六）に金春禅竹が著した『歌舞髄脳記』のなかにも、芸道ということばが用いられており、一五世紀中葉ごろから、日本にはこのような芸道という概念が成立してきたということがいえるのである。それはそれ以前の社会において存在しなかったというのではなく、この一五世紀中葉の時代になって、芸道の概念ならびにその芸の行動の実態というものが、具体的な姿で明確な形をとるようになってきたからであるといえよう。

しかもこの芸道というものは、芸における道であって、古代社会および中世の社会を通じて、多くの芸はごく少数の貴族であるとか、あるいは上級の武士であるとか、寺院にあっては地位の高い僧侶であるとか、ごくわずかの人たちが芸を自ら演じるというような時代においては、その人たちの特殊な社会における道であって、多くの人が芸を修める芸道というような文化社会ではなかったと考えられる。それが次第に、時代が下るにしたがって、かなり多くの人たちが芸を学び、芸を演じ、そしてすぐれた人たちの芸の領域に到達したいと願うようになった。つまりすぐれた人たちが到達している芸の姿、型、それを自らのものにしたいという情念が、多くの人たちの願望として燃えさかってきたところで、芸道という文化社会が、ことばの上においても明確な形をとることになってきたと考えられるのである。

つまり、道というものが普遍的な形で、理論と哲学という両面を備えて型の論理、その型が間をいかに切ったかという、具体的な芸の実践の方法論、そういう両面が、それぞれの芸の個別的な特殊な世界に、芸道というものを次第につくり上げていくことになってきたと考えられる。

たとえば花をいけるいけ花の世界では、はじめには立花といったのだが、その立花の世界においては、天文年間の『専応口伝』などが、この立花における芸の道の理論と美学と、その実践の方法をほぼ確立したと考えられる。この『専応口伝』においては右にいったような芸道がほぼ成立しているといえると思うのである。こういう世界は、早くから行われてきた雅楽とか、あるいは能楽の世界などと相通ずるものがあり、世阿弥が書き残した多くの芸術論は、能楽の世界における芸道を確立していった、一つの実態であると考えられる。

しかもこのような実態の前例というか、先蹤《せんしょう》というか、そのような芸道の体系をつくり上げてくるための参考というものになったのは、おそらく真言宗・天台宗などの密教儀式における宗教行事の行法、この行法の行動原理を伴った宗教哲学の実践技法、この実践の形式、つまり型が、それぞれ真言・天台密教における悟道の段階を表現する、具体的な表現方式として確立されていたわけであって、それはたとえば印の結び方であるとか、護摩のたき方であるとか、用具の飾り方であるとか、それを儀式の進行のなかにおいて、いかに演じていくかというようなこと、これが能楽における序・破・急の理論であるとか、音楽の展開の法則であるとか、あるいは舞楽におけるいろいろな演技の具体的なものとかというような形のものが、文献として、理論として、美学として体系化されていくなかにおいて、型の論理が秘伝・教科書・印可証明の伝授ものというような形をとって、成立してくることになっていったと考えられるのである。

3　芸道成立の実例

剣の道

このような芸道の成立は、具体的な一つの例をもって考えてみると、わかりいいのではないかと思われる。剣術の場合を考えてみたいと思う。日本には日本刀という、きわめてすぐれた武器があって、世界的な名声を博している。このような日本刀を持って戦いに臨み、戦いの場における日本刀の使用法、その発揮した威力は、かぎりない多くの歴史を持っていると思われるのである。またすぐれた名刀が、平安・鎌倉と、多くつくられているところからも、それは明確なことである。

しかし、日本刀の文化史のなかにおいて、剣道とか剣の道とか剣術とかということばは、あるいはことばでなくてもそのような道というものは、平安時代にも鎌倉時代にも、室町時代においてすら、見出すことができないのである。そしてこの日本刀の世界は、一つのことばとして兵法のなかに集約されて、表現するようになったのも室町時代のことであって、その兵法のなかには、日本刀の技術のみならず、柔《やわら》である柔道の要素も、忍びである忍術の要素も含まれていたと考えられるのである。

その兵法という文字の、さまざまな武芸を包含したなかに、並列的に剣の道もまた包含されていたのであるが、これが剣術という形をとり、しかも剣の道において、それが武芸という形になってくるのは、つまり剣道ということばはきわめて後のことばであるが、剣術という武芸として成立してきたのは、寛永時代のころであったと考えられる。それは柳生宗矩《むねのり》の『兵法家伝書』であるとか、あるいは宮本武蔵の『五輪書』などが物語るように、兵法すなわち剣の道、剣術という形で、日本の日本刀操縦による武芸の道というものが成立してきた時期、これがほぼ寛永時代であったと考えてよいと思う。

すでにそれ以前、柳生宗厳《むねよし》の時代に『新陰流目録』というものは成立しており、その先蹤としての剣の道の成立は、萌芽的に展開してくるのであるが、剣術ということばは、おそらく柳生宗矩の時代の終わりのころ、正保年間ごろに初めて成立してきたことばであり、その剣術という剣の道が、剣の型、つまり規範・拘束性、そういうものをもって、多くの剣の道を修得するという人々の教科書となり、秘伝書となり、印可証明のものとなっていくという体系が成立してきたというのも、この『柳生家伝書』などが、最も早いものと考えていいのではないかと思うのである。

その『柳生家伝書』の先蹤として、すでに愛洲《あいす》移香《いこう》以来、天文年間の『新陰流秘伝書』というような伝書が成立してはきているのだが、一つの剣の道の具体的な実践の方法、ならびにその武芸の精神的根拠の確立という問題は、寛永期と考えざるをえないのである。

つまり、柳生宗矩という剣豪は、三代将軍家光の剣術師範であった。その嫡流の柳生家に伝来している、宗矩使用の竹刀というものから考えても、将軍に剣術を教えるという場合の竹刀が、特殊な皮をかぶせた……竹を割った竹刀に皮をかぶせ、金蒔絵をほどこした美しい竹刀で、その竹刀は面を打っても、決定的な傷を与えるということのない、つまり試合をすることによって、果し合いにならない、剣の競演を発明したのが宗矩であったと考えられる。

このことは、宮本武蔵の『五輪書』の巻頭において、

我、若年のむかしより兵法の道に心をかけ、十三歳にして初而《はじめて》勝負をす。其あひて、新当流有馬喜兵衛と云兵法者に打勝《うちかち》、十六歳にして但馬国《たぢまのくに》秋山と云強力《がうりき》の兵法者に打勝、廿一歳にして都へ上り、天下の兵法者にあひ、数度の勝負をけつすといへども、勝利を得ざる

といふ事なし。其後国々所々に至り、諸流の兵法者に行合、六十余度迄勝負すといへども、一度も其利をうしなはず。其程、年十三より廿八九迄の事也。

という記録、これは宮本武蔵が六十余人の相手に決定的に打ち勝ったという果し合い、つまり負けた人は死ななければならないという剣の果し合いであった。それが、武蔵の晩年、宗矩の寛永時代には、死ぬことなく剣の勝負を争うことのできる実践方法が創案された。このことにより、剣の道は兵法という、いわば殺しの技から、そうではなくてスポーツとして、武芸としてのルールと、その実践の方法を確立したということになったわけである。

つまり、柳生宗矩の剣豪としての剣の道・剣法・刀法、こういう剣法が、武芸の剣術という形で、殺し合いをしないで勝負を決することができるという、そういうものが成立してきたわけである。このことはおそらく柳生宗矩自身が創案したということももちろんであるけれども、当時の日本の武家社会というものが、鎌倉・室町時代のような、村のなかにいた名主たちが、戦いのときに武士として出陣するといったような時代から、江戸に幕府ができて将軍が君臨し、そして全国に城下町というものが成立し、その城下に武士たちが集まり、この武士が貴族的な特権階級という人たちになって、武家貴族になったという社会の大変動によるものと考えられる。

というのは、その武家貴族たちは、たえず剣であるとか柔《やわら》であるとか、槍であるとか、馬であるとか、弓であるとか、そういう技を磨かなければならないということが成立してくる。それは武家の必須教養としてあるわけであって、その必須教養をいかに身につけるかということが、つまり実践の場の芸から、平和な時代における武芸としての教養というものに、だんだん変質し展開してくるという時代の大きな動きのなかで、武芸の芸道が成立してきたと考えられるのである。

つまり、かつて日本刀のすぐれた武器としての剣——刀ができた平安時代、鎌倉時代、そういう時代には、まだ剣術とか兵法とかというものは成立しなかった。やがてそれが兵法というような形を持つようになった室町の時代から、平和を迎えた近世、つまり江戸時代の初期、一七世紀初頭になって、初めて剣術は武芸というものになってきたといえるのである。

これは剣の道のみならず、柔もそうであり、槍もそうであり、弓馬の道は早くから成立していたので、小笠原流とか大坪流であるとかという馬、弓の家は、非常に早く武芸として成立してきていたのだが、右の兵法というなかに一括して含まれていたものは、一七世紀初頭に武芸になったということができるのである。

『五輪書』

このことは、宮本武蔵が書いたといわれる『五輪書』の巻頭にも、それをしのぶ一節がうかがわれる。

兵法の道、二天一流と号し、数年鍛練之事、初而書物《はじめてかきもの》に著はさんと思《おもひ》、時《ときに》寛永二十年十月上旬の比《ころ》、九州肥後の地岩戸山に上り、天を拝し観音を礼し、仏前にむかひ、生国播磨の武士新免武蔵守藤原の玄信、年つもつて六十。

……十三歳より廿八、九までに六十余度勝ったことの記事あり……

我三十を越へて跡をおもひみるに、兵法至極してかつにはあらず。をのづから道の器用有りて、天理をはなれざる故か。又は他流の兵法、不足なる所にや。其後なをもふかき道理を得んと、朝鍛夕練《てうたんせきれん》してみれば、をのづから兵法の道にあふ事、我五十歳の比也。其より以来《このかた》は、尋入べき道なくして、光陰を送る。兵法の利にまかせて、諸芸諸能の道となせば、万事におゐて、我に師匠なし。今此書を作るといへども、仏法儒道の古語をもからず、軍記軍法の古きことをももちひず、此一流の見たて、誠の心を顕《あらは》す事、天道と観世音を鏡として、十月十日之夜寅《とら》の一てんに、筆をとつて書初《そむ》るもの也。

とあるのがそれである。これは『五輪書』の巻頭の宮本武蔵の告白である。剣豪武蔵が、なぜこの書を書くのかということの理由を書いたものとして有名である。これによると、このことを書いて置きたいと考えて、そのことに取りかかったのは、寛永二〇年の一〇月初めのことで、いよいよ書きはじめたのは一〇日の午前四時半であったとある。そして、その時武蔵は六〇歳であったと記している。

この短文のなかには、そのほかにも、いろいろ興味深いことが書いてあるが、ここで重要なことは、すでに、前のところで述べたように、兵法の道に心をかけて、諸国の兵法者にめぐり合って、兵法修行にはげんだのだが、それは真剣勝負での果し合いということがその決定的条件でありそのことにおいて、武蔵は六十余度誰にも負けなかった、という事実。このことは、宮本武蔵が剣の道において強かったということと、当時の剣の道はこのような実戦の果し合いしかなかったということを物語っているものである。

そうして、この諸国修行の二八、九までの時代の彼のことが、「我三十を越えて」のあとに書かれているが、そこで、なお深い道理を修得しようと朝夕熱心に鍛練したのだが、そのような鍛練を指導してもらうような師匠はどこにも居なかった。どこを廻っても皆勝ちっ放しであったことと、実践と理論ならびに哲学が体系化されたようなものは、この道にあっては、まだ無かったのである。

だから、武蔵が、その道を日々鍛練して、兵法の道、ここでは剣の道をさすのだが、この道を極めたのは、五〇歳に至る約二〇年間で、この間に宮本武蔵は、実戦の剣法と、道としての兵法とが一体になるまで苦心鍛練したわけである。これは年代で計算してみると、武蔵が五〇歳というのは寛永一〇年である。だから、三〇歳は慶長一八年ということになる。ということで、彼が天下を周遊して剣豪ぶりを発揮したのは、豊臣秀吉の晩年の頃から、関ケ原の戦が行われた頃以来、大坂夏の陣で豊臣氏滅亡の慶長二〇年の直前頃という、戦国動乱終末期の頃であった。

天下の形勢はまだ、最終的に安定していない時代で、剣豪が実戦実技で天下をまかり通ることができ、実力だけが物をいった時代であった。このような実力一点張りの時代は、夏の陣による豊臣氏の滅亡をもって終焉した。元和偃武《げんなえんぶ》という言葉があるが、夏の陣が終ると直ちに徳川幕府は武家諸法度と禁中並公家諸法度を発令し、天下統治の根本理念を公表して徳川の天下を不動のものとした。そしてほとんど期を同じくして元和と改元されたのである。

戦乱につぐ戦乱の時代が終って、元和偃武という、武器をおさめた平和時代が到来すると、もう実戦の果し合いよりは、平和のための兵法が必要になってくるので、剣豪と呼ばれた高名の宮本武蔵とか柳生宗矩というような人たちは、勢いその弟子たちからも、そのような兵法を要望されることにもなったにちがいない。

『兵法家伝書』

武蔵が実技と兵法の理を自得したのは寛永一〇年ということであったが、柳生宗矩が、自筆の『兵法家伝書』を大成したのも、寛永一四年五月のことで、この書はもうこの時にできあがっているのだが、ほぼ同じ頃のことと見てよいと思う。柳生但馬守も宮本武蔵も、同じような世の動乱の中に生き抜き、天下に名をなした剣豪として、平和永続の時代を迎えたことによるさまざまな条件のなかで、自己の自得し大成した剣の道を成文化してこれを一つの体系にしたのである。

この場合、柳生新陰流は、すでに早くから愛洲移香以来、上泉伊勢守とか、父の宗厳などの秘伝というものがあるにはあった。しかし、それらは、宗矩の『家伝書』に比較すると全く問題にならないほど不十分なものである。したがって、宗矩自身も、『家伝書』という三部作の体系を作るに当っては、宮本武蔵と同様に、ほとんど師匠というものはなく、沢庵らの精神的協力はあったにしても、剣の道として秘伝書を大成するには、武蔵同様に独創的な苦心を重ねた。

そういう苦心を重ねても、このような剣の道の体系を作りあげなければならないという、時代の大きな潮流が渦巻いていたのである。このような、時代の大きな潮流のことは、一言でいえば、新興武家貴族がこの寛永期に、莫大な人口を数えるほどに成立してきて、この新興武家貴族の必須教養として、剣の道は第一に重要視されることになったということである。このため、柳生の門には多数の武家が殺到し、武蔵の門にもまた多くの弟子が集まった。

武芸の成立

こういうことで、剣の道が剣術として、広く武家社会に大流行することになり、そのような一大潮流の先端を、二人の剣豪がほぼ同じような歩調で歩んだのである。もちろんこの二人は、全く異った人生をすごすので、同じ歩調を歩んだというのは、秘伝書を作り、剣の道の実践と理論体系とを一体化したという限りにおいて、それはほぼ同じであったという意味である。

剣術が武芸として、芸道になったのは、こういうことである。それだから、宮本武蔵が「兵法の利にまかせて、諸芸諸能の道となせば、万事におゐて、我に師匠なし」といっているのは、武蔵の傲慢不遜のように見えるかもしれないが、そうではなく、剣の道を大成するための苦心と、その創造開発の道程には、師とする人はどこにもいなかったわけで、きびしい自得の修練が、単なる自己の我流では道にはならない。そういうことが最も苦心を重ねたことのポイントであったと考えられる。

流祖や開山といわれるような人は、たいへん個性的であり、他の追随を許さない独創的な行動人であったり芸能者であったりする。しかし、それが、流祖でありうること、開山でありうることは、その独創の世界がきわめて個性的であり、人と異ったものであっても、それが多くの人を納得させ教化することができるということは、その個は、実は大きな普遍性に根ざしているからである。

武蔵が自得した剣の道は、武蔵個人の個性的な独りかぎりのものであるけれども、それが、普遍的な道であるためにはどうなければならないかということの自己探求が、実は三〇歳から五〇歳までの日々探究してやまない朝鍛夕練の二〇年であった。この二〇年で、天下の剣豪宮本武蔵は、剣の勝負で勝つということだけではない、剣の道における芸の普遍性を発見したのである。ここで武蔵の剣はゆるぎない個であること即普遍という理論が自得できたのである。

武蔵独りの剣が、万人の剣になりえたのである。ここで武蔵の剣は、多くの人を教化する武芸になり芸道になったのである。剣の道が、剣・槍・柔・忍などいろいろなわざを一括して兵法といっていた時代から、武芸となり、芸道として成立してきたのは、大体、こういう筋道をたどっているといえる。

こういう歴史的展開をとげた剣の道一つをもって、日本の芸道文化全体を考えることはできない。他の武芸の場合についても、それぞれに個別の相違点があることはいうまでもない。しかし、このように考察してみると、どの芸道についても、具体的にその筋道を考証してみると、かなり多くの芸能が、ほぼ同じような歴史的展開をとげて、一七世紀の中頃に芸道として確立されるに至ったことがわかる。

ここで武芸についてもうすこし見ておきたいと思う。というのは、武芸の場合、弓と馬とは、芸道の系譜のところで詳しくのべるが、右に考察したようなことではなくて、すでに平安時代に弓術・馬術というのが武芸として成立していたという特例があるからである。この二つの武芸は、中国でも早くから射・御の二術として君子の教養の六芸の中に数えられていたもので、日本でも、同様に、早く古代以来武芸として発達してきた。

これに対し、兵法の中に一括されていた槍や柔や忍びなどをはじめ、いろんな武芸が、剣術と同じように、寛永期以降の江戸時代にそれぞれ武芸として、芸道として成立してくることになったのである。

そういう意味で、一七世紀の中頃という時代は、日本の芸道成立期として、まことに画期的展開を見た時代であった。以下これらの武芸の他の芸道についても、二つ三つ、その成立の概略を探って見たいと思う。

立花『専応口伝』

たとえば立花の世界、あるいは茶の湯の世界、そういう世界において、それがどのように芸道として成立したであろうかということを考察し、それを明らかにすることによって、日本の芸道文化社会全体の成立をうかがうことができるであろうと思う。

立花の問題については、天文年間に早くも池坊専応が『専応口伝』というすばらしい芸術論を書いた。その『専応口伝』のなかには、立花の美学が論じられている。それは日本の花の伝統を確立したはじめての文献といってもよいであろう。専応が発見した花は、おそらくそれまでに長い年月の伝統を踏まえたものと思われる。だから、この時突如として成立したものではもちろんない。読んでみると、それは日本民族の独特な思考法や自然観をみごとに集約したものである。そういう画期的な芸術論なので、その『専応口伝』の最も重要な論点の一部、巻頭の総論に当るところを引用してみよう。

花瓶に花をさす事いにしへよりあるとはききはべれど、それはうつくしき花をのみ賞して、草木の風興をもわきまへず、ただ さしいけたるばかりなり。この一流は、野山、水辺おのづからなる姿を居上にあらはし、花葉をかざり、よろしき面かげをもととし、先祖さしはじめしより一道世にひろまりて、都鄙のもてあそびとなれる也。草の庵の徒然をも忘れやする手ずさみに、破甕に古枝を拾ひ立て、是にむかひてつら〱おもへば、廬山湘湖の風景もいたらざればのぞみがたく、瓊樹瑶池《けいじゅえうち》の絶境もみみにふれてみること稀也。王摩詰が輞川の図も、夏涼しきを生ずることあたはず。舜叔挙が草木の軸も、秋香を発することなし、又庭前に山を築き、垣の内に泉を引も人力をわづらはさずして成事をえず。ただ小水尺樹をもつて、江山数程の勝概《しょうがい》をあらはし、暫時頃刻の間に千変万化の佳興をもよほす。宛《さながら》仙家の妙術ともいひつべし。十符のすがこも七符には花瓶を置て、三符に我居ても、見あかぬ床のたのしみは、誠に安養界の宝樹宝池も爰をさすること遠からずして、華蔵世界に吹風も瓶の上にぞにほひくる。凡仏も初部の華厳といふより一実の法花にいたるまで、花をもつて縁とせり。青黄赤白黒の色、五根五体にあらずや、冬の群卉凋落するも盛者必衰のことはりをしめす。其の中にしもいろかへぬ松や檜原はおのづから真如をあらはせり。世尊の拈花《ねんげ》を見て迦葉《かせふ》微笑せられし時、正法眼蔵涅槃心の法門、教の外に別に伝て摩訶迦葉に附属すとはのたまひしか。霊雲は桃花を見、山谷は木犀を聞、皆一花の上にして開悟の益を得しぞかし。抑是をもてあそぶ人草木を見て心をのべ、春秋のあはれさおもひ、一旦の興をもよほすのみにあらず。飛花落葉のかぜの前に、かかるさとりの種をうる事もや侍らん。

右の『口伝』のなかから、重要な点をあげてみると、

第一は、美しい花ばかりをいけていたのでは草木の風興を表現しえないということ。つまり花を否定した花を主張している。

第二は、野山・水辺という自然だが、その自然のおのずからなる姿、すなわち、山はそこにある山よりももっと山らしい山、それがおのずからなる山である。そういうのがよろしき面かげであった。現実の自然よりもっとおのずからなる自然を構成するところにいけばなの本質を見ている。

第三は、そういういけばなを自分の先祖がはじめてから、この道が世に広まって、都鄙のもてあそびとなった。すなわち広くこのいけばなが遊芸として普及したといっていること。

第四は、破甕に古枝を拾って花とし、これを賞していると、中国日本の名所名画にもまさる思いである、という主張。また同様にいけばなの構成する小水尺樹の小宇宙は、短時間の

うちに千変万化があらわれ、仏教の説く華厳法華の世界や、うつろう無常の理をあらわす、といっている。

第五は、常磐の松や檜は、おのずから真如をあらわしているという見解。

第六は、いけばなのあそびはそのときの興をもよおすだけでなく、飛花落葉の機にふれて古人が花を通路にして悟入したように、悟りの境に到達しうるよすがとなるであろうという、道の精神を説いていること、などである。

美しい花を否定し、『君台観左右帳記《くんだいかんそうちょうき》』などが重視してきたような中国伝来の名器を用いようとしない主張、いいかえれば花器をも否定した。そして松や檜のような常緑樹を花の中心に据えることを明確に主張した。そしておのずからなる自然を典型として、そこにいけばなの小宇宙を現前することが、いかなる名所よりも名画よりも、それはすぐれた美の実存であるというのである。しかもこのいけばなは道になって町や村の人びとが多くたしなみとしている、といっている。

花道《かどう》という熟語にはしていないが、道になったということは、いけばなの道がそこに出来たことである。それは多くの人がそこを往《ゆ》き来するから道になったのである。いけばなという道を歩く人たちが多く出来たからいけばなの道はだんだん道らしくなり、立派な通路になったのだといえよう。しかも専応がこの一流はといっているように、自己の流派である池坊流を自覚していることなど、日本の花道は、花道という熟語は用いられなかったが、実質的には、も早花道成立の前夜を迎えていたといえそうである。それは、このころに『仙伝抄』『池坊宗清花伝書』『宣阿弥花伝書』『唯心軒花伝書』『中将公花伝書抜書』『花書伝』『文阿弥花伝書』等が天文年間を中心に多発していることからも推定しうるであろう。

ところでここに重要な一点は、松や檜を常緑樹のいろかわらぬものとして、おのずから真如をあらわすといっている主張が、仏教思想と断定してよいのかどうかということである。真如をあらわすということが、仏教の空の本体ということを根本にした発想であることはいうまでもないことであろう。しかし、専応が、ここで主張している松・杉・檜などに、どうしてその真如を発見したかということを考えてみると、それは、すでに仏教を超えた、日本独特の花の美学を発見したものであると思われるのである。

私はこの専応の発見したものは、日本民族の精神に原始以来貫流している、おのずからなる自然の根源的パターンが映発して、ここに松・檜としてはっきりした形をとってきたものだと考えたい。それは、一の松、二の松、三の松と配置された橋がかりと、本舞台の正面に大きな松が描かれている能舞台だとか、新春の正月を迎える門松にも通じる思想の顕現にほかならないといえよう。これらの松は、かつて原始日本人たちが、そこに神が影向《ようごう》するものと拝んだ松で、松の姿に神を見たのである。大井博士の話によると、すでに鎌倉時代から、たて花ということばがしばしば見えているという。とすると、立花では、早くから松を花のシンにたてるようになっていたのではないかと思われる。それに、室町期になると、宋元画の水墨画が禅僧たちによって日本にも普及することになり、松や竹・梅・蘭などの墨絵の観賞などもすすみ、これらの諸条件が相補いつつ、いけばなのシンにおのずから松が用いられることになったと考えられる。

このように咲く花だけではない苔のついた枯木や松・檜などのような花材なども使ってつくり上げられた空間構成の造形が、やがて大宇宙の生命をそこに凝縮したものとしての花を創造しているのである。このようなきわめて広大な宇宙観・自然観・造形論といったものをつくり上げているのが、この『専応口伝』である。

二代目池坊専好

天文年間にすでにこのような花の発見をした池坊は、やがてそれが寛永期を迎えると、まことにめざましい展開を遂げてきたということができる。それは京都の池坊の二代目、専好という人で、この二代目専好の芸術活動、立花活動というものは、まことにめざましい展開をしたのである。彼の活動は自ら書いた「立花論」というものなどをとどめてはいないが、その実践した立花の活動の実技の写生図が数百点、今日残されている現物が、これを見事に物語っている。しかも当時の宮廷——後水尾天皇を中心とする京都宮廷文化のなかにおいて専好が果たした指導的な立花の役割というものは、きわめて大きな立花文化社会の成立、ならびに立花の美学、実践の技術というものを確立したと考えられるのである。

その一つの例として、東京上野の博物館に残されている『立花図屏風』というものがあるが、これは二代目池坊専好の立花と後水尾院の立花一点と、合計三六の立花を、当時の画家が極彩色で描きとめた見事な記録画であるが、この専好の立花図を見ると、専好の立花活動は、きわめてすぐれた実践を行ったということが明らかになるのである。

しかもこの立花図には、どれ一つとして、いつどこで生けたものであるということは記録されていないのであるが、曼殊院であるとか近衛家の陽明文庫であるとか、その他各地に伝わる専好の立花図の写生図によるその記録、つまり何年何月、どこで生けたものであるかということなどを探索していくと、この上野博物館における立花図の大部分が近衛家であるとか、曼殊院であるとか、あるいは仙洞の御所であるとか、当時の京都の貴族社会において、池坊専好が自らこれを生けた、そのときの記録を絵にしたものであるということがわかるのである。

つまり、専好自身は立花の理論だとか、あるいは美学だとか、そういう具体的な文献を残してはいないのであるが、彼自らが生けたこの立花の実践の芸術そのものが、このような形でたくさん残されたということは、一面においては柳生宗矩の『兵法家伝書』に示されたもの、あるいは宮本武蔵の『五輪書』に書きとめられたもの、あるいはお茶の世界でいえば『南方録』に当たるような、そういう具体的な実践記録というものが、この図のなかに描き出されていると考えられるのである。

つまり、立花というものを考えていく上に、それを実践していく上に、多くのことばで書きとめていくということは、たとえば剣の道において、たとえばお茶の道において、たとえば槍の道において、確立されたそれぞれの道の場合と若干趣が異っている。つまり、槍の道においては、槍が決定されており、剣の道にあっては、竹刀によって道の修練ができることになっていた。この竹刀があれば、剣の道の稽古ができたのである。また茶道でいえば、茶碗・茶杓・水指・釜など、ほぼ同じ形式の茶道具によって、稽古ができた。ところが、花をいける場合は、いつでも同じ材料ということはあり得ないことである。

立花の世界では、柳は柳でも、昨日いけたものと、今日新たにいけようとする柳は同じではない。松も、桜も梅も、何一つとっても、花はそれぞれ皆違っている。こういう違った花材を取りあわせて、そこにいかなる美を創造するか、ということの美学とその実技は、その時、その時において、すべて相異なる独創的実践でなければならない。このような美学とか実践の論理、哲学、これを具体的なものとして学びとっていくことが最も重要であった。

つまり立花の世界においては、この美の実践は、一つ一つの典型というものをきわめるということを通じて、その一つの美の典型のなかから、普遍的な立花の美学というものを獲得していくという論理があったと考えられるのである。

数百点に及ぶ、二代目池坊専好の立花図は、そのような寛永期における、日本の立花の芸道を展開していく、具体的な実践軌跡というものであったといっていいと思うのである。しかも、この専好の立花図は、その大きさなどの点から考えても、時にはきわめて巨大な立花が生けられているのであり、花というものの概念が、単にフラワーの美というものを生かすことのみならず、そこに展開する雄大な空間の構造美、それが微妙に表現されているといっていいのである。

当時の寛永期の京都の貴族たちが、二代目専好に傾倒した状態というのは驚くべきもので、私は陽明文庫の近衛家に伝えられている専好の立花図の巻物を拝見したり、曼殊院に伝わっている多くの立花のスケッチなどを拝見していると、当時の人々が、専好の生けた立花に対して、きわめて細心の注意をもってそれを写し取るということをした情熱に、大きな感動をおぼえたのである。

曼殊院の立花図は、最近出版されたが、きわめて多くの図を伝えており、それに詳しく、どこで生けたかということが記されているのである。つまり、専好の立花が生けられるたびに、その場に臨んで立花の中心点、その立花の最も重要なポイントを写し取っていることが明瞭なのである。

しかも当時は、たとえば粟の穂を生けたものであるとか、あるいは上野の博物館の立花図のなかにも描かれている桜一式や、桜だけを生けた花、これは陽明文庫に、近衛家のお屋敷で生けた立花の記録のなかにそれがあるのだが、こういう立花であるとか、あるいは曼殊院には、柳だけで、きわめて見事な立花が生けられてもいる。そういう図も伝わっているのである。

つまり、専好の立花図の意味するものは、日本の立花文化、つまり天文年間にすでに開発された、池坊の立花の美学、それがきわめて具体的な形で、花として実践されたその典型というものであって、これは日本の花の美学が確立してきた、重要な文化遺産だということがいえる。つまり日本の芸道という意味の華道の実践の方法、およびその華道が具体的に意味する美の内容、その両面においてこの立花図の果たした役割は大きいといわなければならない。

つまり、剣の芸道が成立してくる寛永期、そしてまた茶道が確立してくる寛永期、そしてこの華道も、やがてこの時期に具体的なその道の実践記録が展開しているということがいえると思うのである。しかし、まだこの時期には、華道あるいは花道ということばは成立していないので、このことは後に述べるように、貞享年間という時期を待たなければならないのである。しかし、華道が成立してきた、実践の具体的な展開というものは、この専好の立花図のなかに、その思想と美学、そしてその美学の持っている、日本の伝統的な空間構成、それから時間的な意味というような問題を、如実にわれわれは感得することができるのである。

この二代目専好という人は、元和七年（一六二一）に池坊の当主となった人であって、寛永期に非常な活動をして、今のような展開を遂げてくるのであるが、この時期にはもう立花はしん・そえ・うけ・しょうしん・みこし・ながし・まえおきという七つ道具で構成されている。しかしそれも後世におけるような堅苦しい形式美といったようなものではなくて、非常に雄大な曲線の美であるとか、あるいは材料の斬新な取り合わせであるとかという、きわめて自由で健康でいきいきとした立花が生けられているのである。

この立花の伝統というものは、まだ先ほど来、述べてきたように、文字で書いた文献というよりは立花そのものが重視されていた。やがて万治元年（一六五八）に、二代目は八四歳で亡くなったが、この専好亡きあとの弟子たちの活動を見ても、専好の立花とその立花図の持つ、芸道としての立花の文化遺産というものは、続いているのである。

専好没後

二代目の没後の立花の世界は、大住院以信・高田安立坊周玉・十一屋弥兵衛・十一屋太右衛門というような人たちであるが、ここに著しい、弟子のあいだの文化社会の分裂があらわれてくるのである。それは、大住院以信は、近衛予楽院が『槐記』のなかで、この人をきわめて高く評価していることからも察せられるように、専好のあとの立花活動のなかでは、抜群の秀才であったらしいのである。彼は早く江戸に出て、江戸の将軍家ならびに大藩の大名たちの藩邸に、巨大な立花を立てて主導的な役割を果たしていたのであるが、やがて京都に帰って、専好亡きあとの池坊立花を展開していくことになった。

この間、高田安立坊周玉、あるいは十一屋弥兵衛や十一屋太右衛門らの、六角堂専好の池坊立花共同体という集団と、本能寺による大住院以信の立花活動とが相対立して、大きな展開を遂げることになっていくのである。それは池坊立花共同体が、やがて家元としての、江戸時代の独特な立花文化社会へ展開していくのに対し、大住院以信は、立花の本質的な美学の実践を展開していくという、そういう立花史の上における、大きな問題としても注目すべきことだといえる。

そういうなかで展開していった立花の芸道というものも、また同じように、たとえば『六角堂池坊並門弟立花砂之物図』というのが寛文一三年に出版され、また延宝六年には『大住院立華砂之物図』という、大住院以信個人の立花図が相次いで出版されるという文化活動を見ても、二代目専好の立花図の数百点の記録というものの伝統は、この時期においてもなお引継がれているのである。

立花の世界において、華道ということばが貞享年間にあらわれてくるということは、そのことばはおそらく早くにあったかもしれないのであるが、まだ立花の世界においては、文献としての文字の世界よりは、立花の造形活動そのものこそ、芸道の最も根源的な美学であり、哲学であり、実践の技法であるということが続いていたためだと考えられるのであって、そういう意味では、やはり寛永期という時代は、立花においても大きな展開を遂げた時期だということがいえよう。

そして、天和三年の十一屋太右衛門のあらわした『立花大全』、天和四年の『立花正道集』、貞享五年（元禄元年）の『立花秘伝抄』、『立華時勢粧《りっかいまようすがた》』、元禄八年の『立花便覧』、『立《りっ》華訓蒙図彙《かきんもうずい》』、同一一年の『瓶花図彙』、こういう立花の文献が相次いで出版されるという潮流のなかで『立華時勢粧』に、華道ということばがはじめて熟語として用いられ、文字の上でもここに華道が成立してきたということになるのである。

日本の芸道の成立してくる筋道についていろいろな史料を見てくると、宮廷ならびに上層武家社会の文化、これが近世の初期、一七世紀を迎えるにしたがって、非常に大きな展開を遂げたなかで、日本の芸道というものは、まず第一期の非常に典型的な成立期を迎えたということがいえるのであって、茶道ということばが成立してきたのも、私はこの時期だというふうに考えている。

茶道

そこで次には茶道についての芸道がどのように成立したであろうかということについて考察してみたいと思う。茶道は中国から伝わった文化だが、もちろん茶道とはいっていなかった。茶を飲むという喫茶の法が伝わったのである。この喫茶の文化がどういう筋道で茶道と呼ばれる芸道になったのであろうかという問題である。喫茶の文化は中国から伝わった文化である。それが東山時代足利義政の頃、珠光、それからそれに続いて武野紹鷗、そして千利休という系譜を経て、わび茶の法が確立し、それが利休の後、しだいに盛んになっていくわけだがこの千利休がわび茶の美学と実践理論を大成した。いわば茶の湯の文化的革命ともいうほどの大展開があるわけである。

　私は茶の湯の遊芸を大成した利休は、茶の湯を日本の古代以来の人間解放の晴れの行事としての日本の民族文化に作り上げた革命児だと考えている。つまり日常的な褻《け》の生活から晴れの行事というものにこの茶道を編成し替えたのが利休であって、そういう意味では、中国伝来文化を完全な日本文化に消化して日本風なものに編成し直したというのが利休の茶道である。この利休の茶道はその後、今日まで非常に大きな展開をしてくることになったわけなのだが、その茶道というのは利休の頃、つまり信長、秀吉、そして家康と時代が大展開をするこの頃に多くの人たちによって盛んに行われることになった。そういう茶道文化社会のなかで、大きな転換がなされてきたこと。そのことによって日本における従来の喫茶の文化が、「茶道」という形に成立してきたと私は考えているのである。

　しかし、利休の頃には、まだそれが茶道という、茶の湯が「道」という形を言葉の表現や概念の上でとってはいなかった。つまり茶道という言葉は、お茶を演じている茶人その人を表わし、信長の茶道としての利休であるとか、秀吉の茶道としての利休といったような表現はしているけれども、茶の湯の遊びそのものを茶道とはまだいっていなかったのである。これはやはり寛永年間のことであって、『長闇堂記』という、寛永一七年（一六四〇）の奥書をもっている文献のなかに、「かようの心ある人に、あわれ茶道を語りたく思えるなり」という言葉があって、これが今日いうような茶道という言葉の初見だと私は思う。

『南方録』

ただ、『南方録』のなかには、すでに覚書と滅後に茶道という言葉が使われていて、それは茶の湯のことを意味する茶道として用いられているのである。しかもこの『南方録』の成立に関していえば、今日残っている文献は写本で、しかもそれは元禄の立花實山の写本であって、實山が写した原本そのものも伝わっていない。實山の非常に尊敬したこの『南方録』の原典である筆者本が行方不明だということはまことに信じられないことである。おそらく實山のところでかなりアレンジされたと考えられるという意味で、私はかつて『近世芸道論』という書物のなかにこの『南方録』を収録するにあたって、その解説で詳しく『南方録』が完全な形で利休から南坊宗啓に伝授された茶道の原典そのものではないという考証をしておいた。『南方録』には、年号の明記をしたところは「滅後」のところしかなくて、その「滅後」の最後の奥書には、

右此一巻ハ、文禄二癸巳、二月廿八日、先師利休宗易大居士第三回忌辰、香花茶菓ヲ供養シ、誦経回向シ畢テ灯下懐旧ノ涙ヲシタデ、アリシ世ノ物語ドモヲ、アトサキトナク、書

キツヾケ、已《すで》ニ一巻トナル者也。執筆ノ序《ついで》一偈《いちげ》ヲトナヘテ牌下ニ呈ス。利休大居士清茶門弟南坊宗啓稽首《けいしゅ》□ヘ孤燈油尽花《テ》纔《わづかニ》白《ク》、一鼎《てい》水乾《テ》茶不レ青《カラ》、師去《テ》草房《ノ》三覚夢、東風報《ジテ》レ暁涙《ヲ》空雫《クおツ》　㊞

としたためてある。この「滅後」は文禄二年癸巳の二月廿八日、それが利休居士、三回忌の時であるというのである。それ以前にもうすでにできていたという形をとっているのであるから、茶道という言葉はそれ以前にすでに成立していたというようにこの『南方録』では表現されているのである。しかしすでに考証したように、『南方録』の原形は早く存在したと考えられる。しかし茶道という言葉は、寛永期以降に成立してきたと思われるのであって、茶の湯の文化社会において、それが茶道としての「道《どう》」の思想、「道」の概念、つまり日本の芸道文化のなかにおいては、おそらく寛永以前に成立したものではないと考えられるわけである。

つまり利休は、茶道の実態というものを集大成はしたけれども、茶道という「道」の概念とかその「道」の思想をつくりあげたというまでには至らなかったのであると考えるしだいである。したがって茶道は、『長闇堂記』の記すように、寛永の頃に成立してきたと考えられる。

ちょうどこの寛永期は、茶道界においては小堀遠州が非常に重要な役割を果たしていた時期であって、この遠州の茶道の指導、これはお茶の道具をはじめ、その演じ方、その体系の書物、秘伝、こういう形のものが遠州の力によって集大成され、しかも遠州のつくりあげた茶の演じ方というものをひな型としたと考えられる『草人木』という書物が、寛永初年に公刊されて、それが出版物として行われるというほどの時期になっていたのである。その点は、立花にくらべると、はなはだ時期を早くして書物が公刊されているのである。しかも、かなり大部な、詳細な点前の技法が大成されているのであって、そういう点からすれば、茶道という言葉が寛永期に成立してきたということは、日本の芸道全体のなかでは、先駆的な役割を果したわけである。

このことは、信長・秀吉・家康のような権力者が盛んに茶の湯を楽しみ、かつそのことによって、利休という偉大な茶人が出現してその技法と理論を大成したこと、その影響によって、きわめて多くの武家貴族たちが早くからこの世界に入門して、自分たちで茶を点て、茶を学び、茶に遊ぶという文化社会が広汎に開けたこと、このことによって、茶の湯は、この潮流のなかで、茶道という「道」の思想やその実践技術が確立していったものと考えられる。つまり、寛永期において、茶の湯という遊びは、茶道という芸道に転進していったということである。

というようなしだいであるから、『南方録』が文禄二年以前に、茶道という言葉が行われていたというふうに書いてあることは、この芸道展開史の上においては考えられないことであって、これは『南方録』そのものが偽書である一つの重要な条件であることを、『南方録』自身が物語っていることだと私は考えているしだいである。

したがって、茶道が「道」として、遊芸の道《みち》の上において成立してきたその道程において、『南方録』も、茶道という芸道の書として成立してきたものと思われる。具体的には『長闇堂記』が語るような、茶道の思想が確立してくる寛永期以降にしだいに形を整えて、元禄のはじめに立花實山という文化人によって、これが明確な秘伝書としての形を整えたものと考えられる。

「かねわり」の法

このことは、『南方録』のなかに書かれている茶の美学のきわめて重要な一つとして、「かねわり」というのが詳細、綿密に論じられているのであるが、この「かねわり」の法ということ、それは道具の置き方であるとか、どのように配列するとか、あるいはその順序であるとかなどのことについて、きわめて精細な美学が展開されているのであるが、もし文禄二年以前にそのような「かねわり」という言葉や法則があるとすると、この言葉は非常に早く成立していたということになるのだが、他のいろいろな文献を比較、検討したところでは、今のところ、たとえば宮本武蔵の『五輪書』であるとか、あるいは大蔵虎明の狂言の秘伝書である『わらんべ草』というような書物のなかに曲尺割という言葉が現われてくるだけであって、一六世紀に早くも「かねわり」という言葉が用いられており、それが文献などに記されているかどうか、なお探索の要はもちろんあるのであるが、今のところ私にはそれが見つからない。したがって、この「かねわり」法というものも、おそらく一七世紀の寛永以降に展開してきた言葉ではなかろうかと考えられるのである。

しかも、この「かねわり」は、単に芸の上のことだけではなくて、天下、国家を論じて、政治的にいかに国の予算やいろんな政治の形態を運営していくかというような、「かね」の法というものが『五輪書』には考えられており、また『わらんべ草』には、芸の上で一人一人、この「かね」というものがあるということを論じたりしているのであって、このことは後にも述べてみたいと考えているが、この「かねわり」の法という点から考えても芸道成立という上において、つまり「道」というもの、それがきわめて大きな世の中の法則、あるいは人体、一人一人の人間の身体の行動原理、そのようなものを集約して、一つの道を体系化しようという場合に考えられてきたところの、共通の思想的基盤をもっているように考えられるのである。

このような意味からも、『南方録』という、優れた茶道の哲学・美学・方法論という整然たる体系をもった秘伝書というのは、そう早くに成立したものではなくて、そのような考え方や美学の意識というものは、すでに利休に十分あったと考えられるのであるが、その表現の言葉や、その型の「かねわり」の形式表現の記述といったような整理は、後に体系化されたものであると考えざるをえないのである。つまり、この書物も、近世、一七世紀という時期を迎えることによって初めて、一つの芸道としての茶道が体系化され、整理化されてきた重要な文献だということがいえると思うのである。

秘伝書の成立

以上のように考えてくると、武芸という世界、あるいは遊芸という世界、このような文化の世界、芸の世界に芸道というものが成立してきたというのは、ほぼ寛永期以降の一七世紀前半期から元禄にかけてという時期が、非常に大きな時代であったということができると思うのである。

このようにして、あらゆる芸の社会に、たとえば茶道・花道・香道というような「道」が成立してきたのである。これはつまり、多くの人がこの芸を盛んに行じるということが起ってきたがために、このような芸道という文化社会が広く展開したということになったのであって、日本の文化人口というか、文化社会というか、そういう世界の展開では画期的な時代が到来したということである。芸道そのものが芸のなかにおいて成立、展開したというよりは、芸というものが多くの人の営みとして展開していくなかではじめて、芸道というものが成立してきたのである。そういう新しい歴史的な現象であったというふうに考えられるのである。

したがってこれは、右に述べたようなジャンルの芸事だけではなく、その他のいろいろな文化社会にこのような芸道が展開していったということなので、その場合にそれぞれの芸道において、たとえば『五輪書』とか、柳生の『兵法家伝書』であるとか、『南方録』であるとか、あるいは『立花大全』であるとか、あるいは『香の書』であるとか、あるいは能楽の伝書であるとか、雅楽なんかの非常に膨大な『楽家録』であるとか、そういうものが盛んに成立してくるという、共通の現象を伴って発展することになっていくのである。それらをいちいちここに挙げていくのは煩わしいので避けたいが、このような歴史現象というものによって成立してきた芸道は、まず第一期として、新興武家貴族を中心とした文化社会のなかに大きく成立したということができるのである。しかもそれは、もちろん武家のみならず、武家をめぐる特権商人であるとか、あるいは優れた工芸家たち、そういう人々をとり巻くところの有力な人々、こういう人たちによって、この世界は大きく発展をしていったのである。

そして、それが体系を整えた秘伝書として、開拓者であり、開山であるような偉大な芸術家たちが秘伝書をつくっていったのであって、その秘伝書は主として仏道、あるいは儒教、あるいは香道のように、珍しく神道の哲学をその秘伝書の精神としているものなどがあるわけで、そういう意味では、秘伝書の印可証明の形式というようなことは、仏道における儀式の、天台・真言の秘儀・秘法を伝授する印信の印可証明の先例などによって、この世界においても印可証明というような形で、秘伝が伝授されていくという体系が成立してきたと考えられる。その秘伝の書物、あるいは巻物などを調査してみると、ほとんど同じような形式をもって、遠い時代から脈々と伝承されてきた芸の体系であるというパターンをもっているのである。

型の規範性と個の主体性

しかも、初めにも論じたように、この芸が道として成立してくると、その道の型というものは規範性をもち、拘束性をもち、道の成立したきわめて本質的な、自由で、健康で、生き生きした創造の芸の世界の論理というものが薄れ、そこに形式化された型というものの拘束性・規範性に、きわめて大きく束縛を受けるということになってくることは否めない。なかには『わらんべ草』のように、秘伝や型がきまると、そのような拘束性・規範性がたいへん強くなって秘伝書自身が一人歩きをすることになり、主体的な文化活動というものこそ重要であるのに、その秘伝書のもっている型の論理がきわめて大きな役割を果たすから、それは注意を要する、というように反省すべきことも規定されているということを注意しておきたいと思う。

たとえば『わらんべ草』には、

狂言は先我身のかねをよくしるべし。曲尺《かね》はずれぬれば、いたく見ぐるし……中略……

かねといへは、わが生れつきの身をもつてさだむ。此かねはずれてハ、たとへ生れつきのかたわなきとても、かたわなり。かねはずれてハ、先見ぐるしきものなり。……中略……わが身のかねと云ハ、ひざをくミ、下にゐて、両の手を両のひざの上に置、ひろさ、たかさ、其ごとくにたちて覚ゆべし。扨又、右、左のかねハ、わがはなすじ、下まで、右の手はそのすじより左へやらず、左の手ハ、右へやらず、両足是に同じ。それをこさでかなハぬ事ハ、身をひらくなり。是大事のかねなり。此かねにはつれたるを、かたわと云なり

ということが書いてあるのを見ると、「かね」という自分の行動の原理を規定しているその法則性、そういうものは、各自の生まれつきの身をもって定めるのだというわけである。したがって、このようでなければならないという、そういう型、「かね」というものは、各自それぞれによって決まるのであって、そのことを非常に戒めている。『わらんべ草』のこの一条などは、芸というものが、それぞれ個人の主体的な行動原理というものの発見にあるのだという反省を明確に示したものとして、注目すべきものである。

　このことは、世阿弥の『風姿花伝』にも論じられているところであって、『風姿花伝』には「わが風体の形木を極めてこそ、遍《あまね》き風体をも知りたるにてはあるべけれ」と述べている。つまり、自分の身体、その形木というものがどういうものであるのか、身体の行動の主体的な行動原理がなんであるのかということを極めた時に、あまねき風体をも知りたるにて

はあるべけれ。つまり、自分の主体的な行動というものを極め尽した時に、普遍的なる美を演じることのできる法則をつかむことになるのだと、世阿弥はいっているようである。自分の型、自分の主体的な行動原理を、伝統的な型、秘伝書、そういうもの、これが芸道の体系とか、秘伝書とかいうもののなかに規定された拘束性のなかから主体的に発動してくるものとしてつかむのでなければ、芸の究極に至ることができないという反省が、このような優れた秘伝書のなかには反省されているのである。

つまり、型とか、法則、規範、それは手本であって、そういうものを通路として道を修得する、そういう秘伝書、芸道の体系、これが成立してきたというのが、きわめて大きく締めくくっていえば、一七世紀の寛永頃から元禄の頃にかけてのことであったといっていいと思うのである。

第二章　芸道の系譜

1　遊芸の系譜

右に述べてきたように、芸道の成立は、ほぼ日本の近世といわれる時代の初期、一七世紀にこれが成立したと考えられるのであるが、芸道にはいろいろなジャンルがあり、一七世紀の終りから一八世紀にかけて成立したものもあり、その後、江戸時代を通じて成立してくるものもあり、今日からこれを考察すると、日本の芸道には大きく分類して三つの流れがあると考えられる。

第一は、平安時代以来、貴族社会、上流社会に成立した遊芸の流れ、第二は、武家の世界に成立してきた武芸の流れ、そして第三は、江戸時代の町人文化というか、庶民の間に成立した大衆芸能の流れ、こういう三つの大きな流れ、系譜があると考えられる。以下、順を追って、この芸道系譜について論じてみたい。

遊芸の源流

第一の貴族芸能の系譜というものは、主として遊芸の文化である。これは、その源流としてはすでに早く、平安時代に存在した。遊芸の文化というのは、遊びの世界、しかもその遊びは、自らが演じ、一人でというのではなくて、集団で何人かのものがともに遊び楽しむような芸事の世界に成立してきた、きわめて日本的な、独自の遊びの文化だということができよう。

たとえば貴族の社会のなかでは、雅楽の管弦とか、その音楽を伴奏として舞を舞う舞楽であるとか、あるいは歌合であるとか、連歌であるとか、香合であるとか、菊合であるとか、さまざまなものがあるが、管弦そのもののなかにおいても、さらに多様なジャンルがある。たとえば笙《しょう》、篳篥《ひちりき》・笛・琴――つまり十三弦の箏《そう》、それから鼓・琵琶。このようなもののほかに、和琴《わごん》という独特の楽器もあったのだが、光源氏の舞う舞楽というように、自らが楽器を演奏し、また自ら舞を舞う、そういう集団の遊びであって、しかも遊芸というものは、管弦を例にとって考えてみると、そこに集う人々、天皇は主として琴を演奏したようであるが、百官の官僚たち、つまり貴族たちがあい寄って、琵琶を演奏するもの、鼓を演奏するもの、大太鼓を打つもの、笙、篳篥、笛を演奏するもの、そして同時に、その音楽が青海波《せいがいは》であるとか、太平楽であるとか、打毬楽《たぎゅうらく》であるとか、といったように、自分たちで演奏したり、その伴奏の管弦に合わせて舞を舞うというように、貴族たち自らがこれを演じるというような遊びである。

創造と鑑賞の同時並行の遊芸

その遊びは、演奏が始まると同時にそれぞれの分野で各自が音楽を演奏するとか、誰かが舞を舞うとかするのである。つまりどの人も自ら演奏者であり、実演者であるという条件が最も重要な遊芸の特色である。だから遊芸文化の遊びは、その遊びが始まると同時に、別の言葉でいえば、文化創造が始まると同時に、それを鑑賞することも共に始まったことでもあるわけで、創造のプロセスと鑑賞のプロセスが、集団の人々の集いの初めから終わりまで相並行して進行するという特色をもっているのである。

これは、後世に展開される遊芸の、茶道とか、香道とかというもの、あるいは連歌、連句の世界などにおいても全く同一の文化類型である。たとえば茶道のお茶が始まるという場合には、主人が客を招く、その招くための心をくだいた饗宴の始まりは、主人によって創造されていく茶の演技の文化創造であると同時に、客の側からすれば、そのお茶の文化が創造されたと同時に、これを鑑賞することになるのである。つまりそこに生けられている花、あるいは床の間に飾られている掛物、そして取り揃えられているさまざまな道具、また次々にふるまわれる懐石の料理、そして主人が心をくだいて削った一本の茶杓の鑑賞というようなことが並行して進展して、そして主人の茶の営みが終わると同時に、つまり文化創造が完結すると同時に、鑑賞も並行して完結するという、きわめて特色ある創造・鑑賞の同時並行的進展という形式をとる文化であって、このようなパターンの遊芸文化というものが、すでに早く、平安時代に貴族の間に成立してきたのである。考え方によれば、このような文化類型は日本以外にももちろん存在していたであろうけれども、特に日本の貴族文化の遊芸文化の伝統というものは、きわめて多様なる世界にこれが進展してきたわけである。

雅楽のなかには、神楽であるとか、郢曲《えいきょく》であるとか、琵琶・箏・笙・篳篥・笛・和琴、そういうものが演奏されたのであるが、さらに貴族文化の伝統のなかにおいては、蹴鞠であるとか、鷹狩であるとか、和歌の世界・連歌・貝合・囲碁・将棋といったものがあり、その他、鎌倉・室町の時代になってくると、武家の世界をも合わせた上流社会に、能楽・狂言・幸若舞、あるいは庖丁・装束・茶の湯・立花・聞香《もんこう》・俳諧《はいかい》・盆石《ぼんせき》・盆景といったようなジャンルの遊芸文化が成立し、開発されたのである。われわれは、庖丁とか、装束とかというものについては、もはやそれが当時の遊芸の一つであるということには、ほとんど理解ができない状態になっているけれども、たとえば山科流の衣装、高倉流の装束の専門的な技術の実体などは、有職故実の世界とともに、宮廷・貴族文化社会においてはきわめて重要な位置を占めていたものである。鷹狩も今はほとんど無くなってしまったが、平安以来、日本のほとんど全国にわたって行われた上流社会の遊芸であった。

鷹狩は、狩の遊びであり、狩に使うための鷹を仕立てるということなど、ほとんど忘れ去られてしまっているが、江戸時代の鷹狩をはじめ、中世においてはきわめて盛んに行われたものであった。今日、鷹のひなから鷹狩の鷹を育てるという伝統的技法などは滅びてしまって、ほとんど日本においては見ることができなくなっている。しかし、鷹についてはその伝書がきわめてたくさん伝わっており、それらを読んでみると、日本の鷹文化というものはまことに豊かな遊びの世界であったということに驚くのである。今はわずかに越ヶ谷に、鷹がいかにして使われ、また鷹を使って狩をするための引き堀などの具体的な文化遺産が残されているにすぎないが、鷹狩の遊びは遠く原始以来、埴輪の鷹の人形などからも考えられるように、古い伝統をもっている遊芸文化の一つの典型であった。こういうもののほかに、さらに一弦琴であるとか、二弦琴・七弦琴・笛・尺八などというものも、遊芸文化の伝統として上流社会のなかに成立してきた文化であったということができる。

このような貴族文化の伝統は、詳細に見てゆくと海外から渡来したものがいくつもあるが、それらをもふくめ、そのほとんどがそのまま江戸時代まで伝わったのであって、それが、広く一般庶民の間にも大流行を見たものが少なくなかった。

また、こうした遊芸文化の伝統というものは、江戸時代に町人の間にも、町人自身の力によって創造されたものがたくさんあった。たとえば義太夫節の世界であるとか、河東《かとう》節・一中節・宮薗節・長唄・荻江《おぎえ》節・常磐津節・富本・清元・新内・端唄・小唄・五目、そういった音楽、つまり邦楽といわれるような世界が、きわめて多くの町人たちの愛好者によって演じられ、江戸の大都市においてもあちこちで義太夫節の演奏会が行われるとか、それを楽しむ会が同好者たちによって絶えず行われた。

『豊曲不二谺』

すこし道草を喰うことになるが、江戸でそういう義太夫同好会が盛行したことは、たとえば『豊曲不二谺《こだま》』という書によってうかがうことができる。この書は一六人の研究者で組織されていた演劇研究会が昭和三三年に刊行した『未刊浄瑠璃芸論集』という本に収載されたものである。序文や跋文《ばつぶん》によると、大坂の豊竹座の初代豊竹越前少掾《とよたけえちぜんのしょうじょう》の高弟豊竹肥前掾《ひぜんのじょう》が、享保年間に江戸入りして以来、豊竹流の浄瑠璃を語って楽しむ同好者が沢山増えて、なかには不心得者も見えるようになったらしく、宝暦初年頃になって、門人たちの師弟関係を正し、その統制を明らかにするために、門人姓名録を公開して、これに載っている門人だけが豊竹流の正しい同好者であるということにした。それが『豊曲不二谺』を刊行した主旨である、というのである。

これは、たいへん面白い文献であり、宝暦五年（一七五五）に刊行されているのだが、江戸の町々に住んでいる町人たちが、豊竹文字太夫の門弟として二人、喜美太夫の門弟として二〇人、播磨太夫の門弟六人というように記している。最も多いのは肥前掾の門弟で、これは四六人を数えている。次が井筒太夫の門弟で四四人、中には一人か二人の門人しかいない師匠もあるが、師匠が二〇人、門弟が一九六人列記されている。

そうして、町名と芸名が記され、肥前掾の門人の中には、豊竹座の井筒太夫が記されており、その井筒太夫の門人がさらに四四人列記されている、ということなども興味深い。後に述べる予定だが、義太夫節の文化社会には、家元制度はなかったといわれているけれども、この『豊曲不二谺』によると、正しくこの頃に家元制度と考えられる相伝体系の典型が成立していると考えられる。

また、江戸の町々や芸名についても、水桂・凸声・東巴・一夏・柳枝などという芸名と喜美太夫の門弟だと喜佐太夫・喜久太夫・喜尾太夫・喜代太夫・喜曽太夫というように、師匠の喜の一字を与えられた太夫名を与えられているもの、あるいは住所が御屋敷となっているので、これは町人でなく武家と考えられるが、これなどは豊光という名が与えられている。肥前掾の弟子であるが、豊竹の頭文字が与えられていて、まるで別格扱いされているのも面白い。

この肥前掾は、たいへんな実力者であったから、江戸の市内だけではなく、江戸近郊の各地からも入門したようで、川越の伊太夫・房州の伊賀太夫・下野小野寺村の喜代太夫・遠州の源太夫・神奈川の岑《みね》太夫・三河の巴など、かなり遠くからの門人も名を連ねている。

町名を見てゆくと下町に集中しており、ほとんどの人たちが町人であったと考えられ、なかに一三人、女と記されている。その女のうち五人は御屋敷とあって、その名が柳波・吟波・露光・勢枝・金砂とある。この女性たちは、江戸の芸界では注目すべき存在であると思う。というのは、江戸時代には、芸事にかぎらず、学問でも工芸の職人の世界でも、女性はほとんど入門することが出来なかった。

茶道の如きは、まことにきびしい世界で、女性は拒否されていたので、すべての茶会は男たちばかりの遊芸に終始していたのである。ところが、ここに御屋敷の女性が五人も記されているのはどういうことであろうかということである。

この浄瑠璃を語る女性たちは、私の考えるところでは、御屋敷勤めの奥女中たちであったと思う。だから、この女性も、もとは下町の町家の女性で、それが浄瑠璃を習得し、その特技によって大名屋敷へ迎えられることになったのであると思われる。

右に記した五人の女性のうち柳波と吟波の二人は井筒太夫の弟子である。この同門には、町家の女性で、他に豊波というのが見え、女性ではないが、波という字のつく弟子が、照波・蝶波・玉波・春波・秋波など多数いるので、おそらく下町育ちの仲間たちであったと考えられる。

『浄瑠璃三国志』

この『豊曲不二谺』が刊行されたのと同じ宝暦五年（一七五五）に江戸で刊行された『浄瑠璃三国志』というのがある。音同舎という人の著である。この人がどういう人かはよくわからない。しかし、この本も、当時の江戸の浄瑠璃について、いろいろ興味深いことがたくさん記されている。その一節に次のように記されている。

わしも今、十七八の娘を持ていますが、娘が十斗《ばか》りの時分に、かかが云ふには、とかく女の子のあり体ハ、無面目《むめんもく》でハゆかず、縫針はもちろんなり、しつけかた、手習、琴、三味線とこねば、第一御奉公の口がないといふゆへ、そんならば、半太夫節ならはせう、といへば、かかがいふは、今はとかく豊後ぶしでなければ御奉公の口が遠ひ。此比《このごろ》の半太夫ふしかたる女の子と、豊後節かたる子と、一所に、さる所へ目見へに行しに、豊後節かたる子は其日にすんで、半太夫かたる子は目見へもせずにかへされたりなといふゆへ、何にもせよ、早く能ひ衆の中をも見せたひと思ふて、近所の師匠へあげて、豊後節を習はせる云々

とある。この『浄瑠璃三国志』によると、武家屋敷の御奉公にあげるためには、豊後節が第一なので豊後節を習わせることにしたということになっている。しかもそれが、娘の一〇歳位のことというのだから一七四七、八年、つまり寛延元年頃のことだというわけである。一八世紀の中頃になると、江戸には、女性たちが、子供のうちに、義太夫節とか長唄とか、富本節とか豊後節などを習得し、やがて武家屋敷へ御奉公に出て、そこでいっそう教養を身に

つけ、良縁を得る花嫁修行をしたのである。

このことは、江戸の少女たちの間に琴・三味線の音曲が盛んに行われることになった理由である。こういうことで、『豊曲不二冴』の御屋敷の女性たちというのは、おそらく『浄瑠璃三国志』が物語るように、下町の町人の娘たちが、御奉公にあがっているというタイプのものと考えられる。

右のようにたいへん道草を食って長々と述べたのは、義太夫節の浄瑠璃だけでなく、豊後節という浄瑠璃にも、女性たちまでが多数けいこをするようになったことを実態として示してみたいと思ったことと、こういうことからすれば当時はもっと広くいろんな芸事に、多くの町人が動員されていたであろうということが考えうるということからのことであった。このように、一八世紀中頃になると、遊芸文化社会が多方面に盛行展開し、今の私たちには想像も及ばない隆盛を見ていたのである。

芸の伝統をささえてきた人たち

貴族的な文化の伝統としての遊芸の世界というものは、複数の、何人かの集団の芸として営まれたのであるが、このような遊芸というパターンのなかに包含することはできないけれども、貴族社会、あるいは貴族社会に準ずるような寺院とか、神社とか、上流社会の文化生活を主流として展開されてきたと考えられるような文化社会のなかに成立してきた、さまざまな技芸というもの、その技芸を磨き続けたことによって芸の伝統というものが成立してきたことも重要な意味をもっている。たとえば建築の大工であるとか、あるいは用材をつくり出す木挽《こびき》であるとか、さらには仏像を彫刻する仏師であるとか、仏画だけを専門にする人であるとか、あるいは仏像に金箔を切ってはりつける截金《きりかね》をする職人であるとか、仏画の下絵だけを描く画工であるとか、さらには写経生、これなども天平の古写経をはじめ、多くの写経をつくりあげた筆者たちであるが、あの写経の筆法の技芸、わざの伝統的な世界というものがあったのである。このような世界は、絵画の世界、蒔絵の世界、染職の世界、木竹工芸の世界、鍛冶屋、あるいは陶芸・面打・彫金、さまざまの工芸世界においてわざの伝統というものが高度なものになっていた。弓をつくることであるとか、鎧をつくることであるとか、その弓や鎧のための皮をつくることであるとか、またその皮を染めることであるとかいったような世界にまで、多くの芸というものの伝統が、成立していた。しかもそれらは、たいへん長い時代にわたって伝えられてきたもので、きわめて高度な発達をとげ、そのような、高度の技芸を伝えてきた文化社会が存在したのである。

このように、芸の存在は、きわめて古い時代から広汎な分野にわたって、その伝統を脈々と伝えてきたということができるのである。そして今ではもう断絶して伝わらないというものも少なくないが、それでも日本には、まだまだあらゆる分野にこのような技術の伝統が伝承されているのである。しかしこれらのすぐれた芸の歴史的な展開の具体の姿というものは、必ずしも明確にされてはいない。実は同じように芸とか技芸とかいっても、いろいろな評価があって、きわめて重要な文化生産の、芸の伝統であったことはいうまでもないことであり、このような芸が、貴族文化社会、あるいは有力な武家の世界などによって保持存続され、さらに展開することになってきたことはたしかなことである。ところが、右に見たような技芸の技術者、つまり生産者というものは名もなき職人たちであった。この人々のつくり出した芸の世界というものはきわめて優れたわざに徹していたいわば機械のような神わざ、あるいは早わざを見せることのできた人たちもいた。

このような文化社会のなかにおける芸の伝統というものは、今日の芸術家としての個人の創造活動というよりは、貴族であるとか、寺院であるとか、武士であるとか、つまり領主であるとかいう大きな力をもった権力者のもとに隷属していた、そういう専門の技芸者であって、弓をつくったり、矢をつくったり、馬の鞍をつくったり、刀をつくったり、いろいろそのようなものをつくる芸というものは、写経であれ、仏画の下絵描きであれ、截金師であれ、そのために全身全力をささげて、貴族や権力者たちの命令のままに生産を続けていた人々であった。しかも、その命令や要求はきわめて厳しいものであり、生活のすべての保証がなされていたということはもちろんなのだが、創り出すところの芸術品や工芸品にはさまざまの厳しい命令者の要求があった。そういうきびしさというものは、とうてい今日のわれわれが想像することのできないものであって、この厳しい批判のなかできわめて優れたわざを磨きあげていくという、そういう条件が成立してきたのである。しかも、工芸、あるいは絵画・建築・鍛工などに携わっていた職人たちは、そのことのみに専心する特殊な技芸者であったがゆえに、今日の市民としての芸術家という人々などとはまるで違った存在で単なる一個の職人としてしか遇されない存在であった。

職人としてしか、と書いたが、職人といえば、独立した自己の職業としての人間であるが、古代社会では、こういう人は、貴族とか寺院とか、武家領主などに隷属した技能者で、そこに専属していろいろなものを創り出したのである。だから、貴族や武家のきびしい命令と、注文の突飛な発想などが、すぐれた作品を作らせたり、まるで奇想天外なものを作り出したり、神わざのような優れた名品を創造するということにもなった。これは、たとえば奈良時代や平安時代を通じて見られる著しい芸の技法の特色である。

誰が作ったのか、誰が描いたものか、誰が書いたものか、誰が蒔絵をしたものか、誰が建てたものか、誰が彫ったものか、そういう作者は全く明らかでないのに、作られたり描かれたりした、それらの作品が、神技であり絶世の名品だというものがたくさんある。これらは何れも右のようなことによって創造されたからであって、このような芸のわざのことは、やはり重要な意味をもっていると思う。

こういうわけで、『今昔物語』であるとか、『宇治拾遺』であるとか、いろんな古代の文献のなかに、このような人々の名人話というものがいくつも伝えられてくるのは、右のような論理によって展開してきた芸の練磨、洗練という結果のことだと考えられる。

芸における発注者と生産者

かくの如き芸の伝統というものは、貴族や武家たちのような領主とか、あるいは権力によって創出されたものだと考えられる。それは、発注者と生産者との関係ということから考えられる。すばらしい作品を創造した生産者自身がすべてを主体的につくり出すという世界ではなかった。そうではなく多くの発注者が思い思いの、きわめて多種多様な注文を発するということにより、生産する工人たち、大工たち、鍛工《たんこう》その他の人々にきわめてはつらつたる創造意欲を啓発することになった。作っても作っても満足しない領主たちがしばしば作り直しをさせるとか、あるいはきわめて変った珍しい注文をするとか、多くの人達がさまざまな発想によって注文するということが生産する人々の個の発想を越えた、まことに多種多様、しかも斬新奇抜なデザインやその様式を開発させるということになった。これはまことに重要な条件であったということができるのである。

芸の系譜というものを考えていく場合に、貴族文化の伝統というもののなかには、その生産を担当した直接の生産者は、注文を受けて生産をした職人や、あるいは音楽家や、あるいは芸能者であったのであるが、この注文者、発注者というものの開発する発想、注文する種類、それとの関連において展開した創造的活動というものが、きわめて多くの優れた文化伝統というものをつくりあげていったといえよう。

文化伝統というのは、平安・鎌倉の時代から江戸時代を通じて、つまり手づくり文化の時代というものは、その手づくりの文化に注文をする注文主がいろんな形で殺到するというところに、思いもかけない新鮮なる文化がつくり出されるという条件があった、というそこに多くのメリットを見出すことができると思うのである。

しかも、それが江戸時代になり、貴族や武家の伝統という少数の発想ではなく、きわめて多数の人々、そういう庶民の意識というものが発想の主体になってくると、たとえば江戸小紋とか、伊勢型紙というようなものだけをとり挙げても、その多種多様なる文化伝統、文化の種類というものは、まことに驚くべきもので、異彩を放った名人芸の作品がきわめて多く生産されているということに驚かざるをえないのである。しかもその一つとして、江戸小紋などのなかに表われているデザインを調べてみると、なめくじが模様化されていたり、蛍・蛙・狐・狸・いろいろな宝づくし・鶴・亀その他さまざまなものがあり、なかには狐の嫁入などというのがある。これは今でもまことにほほえましい新鮮なデザインで、驚くばかりの鋭い美の創造力だと思う。誰の作ともわからない、こういう傑作が無限にあるのである。

岩田専太郎の世界

私は昭和五二年に毎日新聞社が出版した『おんな』――岩田専太郎の世界――ⅠからⅣま

で四冊にわたり、それらの本に載った岩田専太郎の絵の解説をした。その第一巻の「色は匂へと」という画集の解説で、私は、岩田が大衆に熱愛された彼の美人画の本質が何であるかを問い、浮世絵美人画が開発した女体の魅力の伝統を、現代女性の近代感覚で新しい伝統を創造したところにあるとし、岩田はそういうすぐれた新しい伝統を創造したのだが、さらに、もっと重要な働きがあること、それは彼が、いわゆる芸術家といわれるような人たちの作画とはちがって、ジャーナリズムに乗った挿絵画家であったというところに、独自の境地を開拓した理由があったということを書いた。

つまり、狭い自己の世界にとじこもることなく、時代の先端を往く作家の創作する世界によって、岩田の美人画の行動背景・美人の概念・姿態などが無限に広がり、独りよがりの自己陶酔に安住する恣意を許されなかったのである。岩田には、思いもよらない尖鋭な作家たちの発想によるさまざまなきびしい条件が突きつけられたのである。この条件は、まるで多種多様で、しかも鋭く厳しいものであった。岩田はこういうはげしく峻烈《しゅんれつ》な条件との対決のなかで、一つ一つ、まるで新しい美人画を創造していった。

推理小説の猟奇的な幻想世界の濃艶な女性を描かなければならないという条件のなかからは、まことにそれにふさわしい幻想世界の女を描き出したし、空中写真とか、広角レンズ写法などの原理を用いたり、真上から見下すとか、斜め上からとか、二重・三重の組合せとか、積み重ねをするとか、時には片目だけを取出して、それに抽象の曲線を配し、超近代的な女体の妖艶さを表現したりした、というような驚嘆すべき新技法による挿絵美人画を開発したのである。

繰り返しいうことになるが、この理由の大きな条件が、作家の文章の状況や、その状況における人間創造を巧みに絵画化するという注文品創造ということにあったこと、これは古代以来の名人芸が開発してきた絵巻物や仏像や、仏画や、写経、蒔絵などの名品ができた論理と、たいへん近い生産の構造をもっている。

ただ、岩田専太郎は芸術家であり、作者名も作品も個人の名がはっきりしているところがちがう。しかし、岩田は決して自分から芸術家であるとは考えなかったし、芸術家であるとか否かというようなことには、ほとんど気を配らなかった。そうして、職人気質に徹していた。そういう意味では、古代以来の技芸の伝統を現代の新しい伝統として確立した人だといえよう。

2　武芸の系譜

弓馬の道

武家文化の伝統、これは武芸といわれるものであって、すでに早く、前にも論じたように、弓と馬の世界が弓馬の道といわれたように、たとえば流鏑馬《やぶさめ》であるとか、あるいは犬追《いぬおう》物《もの》であるとか、笠懸《かさがけ》であるとかというような形で、一定のルールをもって馬に乗り、弓を射ることによって遊びとすることのできた世界が平安以来展開してきたのである。たとえば平安末期に描かれたといわれる年中行事絵巻のなかなどに、流鏑馬の遊びが行われている姿を見ることができるし、また鎌倉時代には、犬追物、笠懸といったような、武士たちが寄り集って馬に乗り弓を射て競射をする遊びというものが広くひらけてきたのである。こういう弓馬の世界というものには、早く馬の技術、あるいは弓の射法ないしそのための礼法・儀礼なぞというものが秘伝書として成立し、またその芸の実践技術というものがきわめて厳しく洗練されるということになってきたのであって、小笠原流であるとか、大坪流であるとか、あるいは後には日置流《へきりゅう》であるとかというような流派が成立し、それらの家が弓、馬の道の権威の家として早くに確立してきたのである。

これは早く、中国においても、礼・楽・射・御・書・数という六芸のうちに数えられていることであり、君子の必須教養として重要な意味をもっていたのであるが、わが国においても武家の世界において、この弓馬の道というものは最も重要な形として尊重されたのである。しかも、武家社会においては、馬に乗り弓を射るという、騎馬戦術が決定的な戦勝をもたらしたので、武家社会の戦法には最も重要なものであった。だからこそ、これが大きな武芸の柱として早くに存在し確立したのであって、武家の最も本質的な武芸として弓馬の道が誕生したのである。そしてこの弓馬の道が武家そのものの存立を表わす基本的意味をも表現したのであって、この弓と馬の射御の世界は、鎌倉・室町を通じ長く支配的な役割を果たすことになったのである。

しかし、鉄砲が伝来することにより、戦法上におけるこの弓・馬の地位というものは、長篠の戦いを契機として一転する時期を迎えた。つまり砲術というのが第一線におどり出るということにより、刀・槍・忍・柔などというのも重要な役割を果たしてはいたのであるが、決定的な戦勝をもたらす要因としての砲術というのが登場することにより、弓、馬そして日本の武芸史においては砲術が、第三の武芸としての成立期を占めることになってくるのである。

多彩な武芸の流派

そしてその後、すでに論じたように、寛永時代、つまり日本の江戸時代の幕藩制社会が成立してきた、新興武家貴族たちの必須教養としての武芸が成立した時代に、剣術・槍術、そして柔術・忍術・小太刀・手裏剣、さらには水軍・水泳・空手・棒術・居合抜・鏁鎌《くさり》その他、数十種の武芸が相次いで成立してくるというような形で、わが国の武芸はきわめて多彩な展開を遂げるということになったのである。

この武芸の世界は、江戸時代、約二六〇年というきわめて長期の平和が続くことになったために、この時代の平和武芸はきわめて多くの流派を分派していったということがその特色になっているのである。江戸の初期においては、たとえば飯篠《いいざさ》の系統から、有馬豊前守の有馬流、あるいは松岡兵庫助であるとか、諸岡一羽といったような人が出てくるのだが、愛洲移香の流れをくむ上泉伊勢守の新陰流、これから柳生但馬守宗厳・宗矩と続いていく柳生新陰流、丸女蔵人の心貫流、疋田文五郎の疋田陰流などが現われてくるのである。また、中条流の分流として、富田流とか長谷川流、鐘捲自斎の鐘捲流、あるいは伊藤一刀斎の一刀流、この他、斎藤伝鬼の天道流であるとか、吉岡憲法の吉岡流といったようなのがそれぞれ流派というものになっていった。江戸初期の流派というのは、ほぼこのようなものであった。それが一九世紀の天保時代になると、たとえば『武術流祖録』という書物が著わされ、この『武術流祖録』に記録された剣術の流派というものは二百数十流という数に分派している。しかも今日では、武道研究者の新しい研究成果によると、全国諸藩の剣術の流派は数百流に及んでいたことが明らかになっている。このような武芸、特に剣術における流派の分流がこれほど多いということは、世界の武芸史においても驚くべきことであるといえよう。

これらの全体を列挙するのは煩雑にたえないが、どうしてこういう流派がたくさんできてしまったのか、ということは、まことに興味深いことであるから、天保時代の『武術流祖録』にみえる剣術諸流を系譜化してこれを左に示し、考察の手がかりとしたい。

刀術諸流系譜（『武術流祖録』による）

- **鹿島神陰流** 松本備前守政元
- **愛洲陰流** 愛洲移香
  - **神陰流** 上泉伊勢守秀綱
    - **新陰流** 柳生但馬守宗厳（慶長一七歿）―柳生又右衛門宗矩
      - **柳生流** 柳生十兵衛三厳
        - …… **太平真鏡流** 若名主計豊重（享保頃ノ人）
      - **庄田流** 庄田喜兵衛
        - **克己流** 安丸仲右衛門之勝（延宝頃ノ人）
      - …… **無滞体心流** 夏見族之助
    - **疋田陰流** 疋田文五郎
    - **卜伝流** 塚原卜伝
    - **心貫流** 丸女蔵人太夫
    - **真新陰流** 小笠原玄信斎長治―神谷文左衛門尉真光
      - **真心正統流** 高橋弾正左衛門重治（寛永・元禄ノ人）―**直影流** 山田平左衛門尉光徳（元禄頃ノ人）
    - …… **真陰流** 天野伝七郎忠久

- **天真正伝神道流** 飯篠長威斎家直
  - **一羽流** 諸岡一羽―**微塵流** 岸兎角

- …… **心形刀流** 伊庭是水軒光明（元禄頃ノ人）…… **柳剛流** 岡田総右衛門奇良（文政九歿）

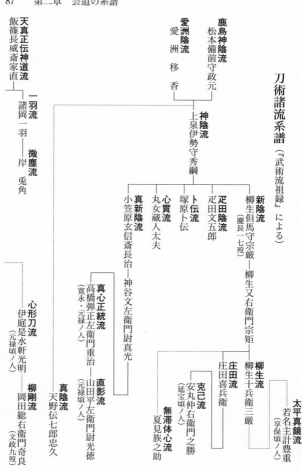

松本備前守政信—有馬流 有馬大和守乾信

弘流 井鳥巨雲為信

神道一心流 櫛淵弥兵衛宣根（文政二歿）

僧慈音—中条流 中条兵庫助長秀—大橋勘解由左衛門—富田流 富田九郎右衛門—富田治郎右衛門—富田越後守—一放流 富田一放

無海流 無一坊海円（正徳頃ノ人）

富田治郎右衛門—長谷川流 長谷川宗喜

富田治郎右衛門—鐘捲流 鐘捲自斎—一刀流 伊藤一刀斎景久—神子上典膳忠明—小野派 小野二郎右衛門忠勝（寛文五歿）—梶派 梶新左衛門正直（天和元歿）

神子上典膳忠明—忠也派 伊藤典膳忠也—亀井平右衛門忠雄（元禄四歿）—天心独名流 根来八九郎重明（天和二歿）—涼天覚清流 堀口亭山貞勝

亀井平右衛門忠雄—溝口流 溝口新五左衛門正勝

甲源一刀流 逸見多四郎義利

神明無想東流 東下野守平元治—抜刀田宮流 田宮平兵衛重正—長野無楽斎槿露—抜刀一宮流 一宮左太夫照信

無形流 別所左兵衛範治

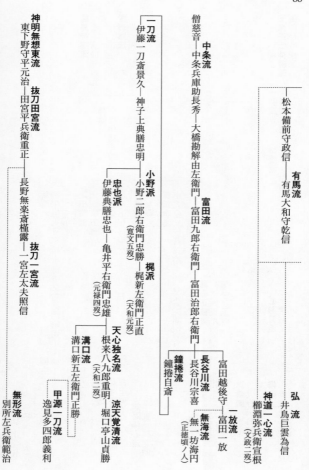

念流
上坂半左衛門安久―中山角兵衛家吉―飯野加右衛門宗正―修験光明院行海（**奥山念流**）

軍東坊―川崎鑰之助（**東軍流**）……川崎二郎太夫

小田流
小田讃岐守孝朝（応安頃ノ人）……小田東太郎義久（**小田応変流**）（享保頃ノ人）

天流・天道流
斎藤判官伝鬼（北条氏康ニ仕）

無明流
石田伊豆守（北条氏康ニ仕）

自源坊（**自源流**）―瀬戸口備前守

貫心流
宍戸司箭家俊（元亀頃ノ人）

将監鞍馬流
大野将監（天正頃ノ人）……池原五左衛門正重（**判官流**）

諏訪流
方波見備前守（北条氏康ニ仕）

源流
木曽庄九郎

戸田流
戸田越後
（前田利守ニ仕）

京流
前原備前守

二刀**政名流**
二天流
宮本武蔵——**二刀鉄人流**
青木城右衛門金家
（正保二歿）

吉岡流
吉岡憲法

願流
松林左馬助

三和流
伊藤道随清長
（元禄一〇歿）

抜刀伯耆流
片山伯耆守久安
（慶長頃ノ人）

抜刀一伝流
丸目主水正——国家弥右衛門——**浅山一伝流**
浅山内蔵助

三浦源右衛門——**無眼流**
反町無格——**大束流**
大束万兵衛

一円流……田中権内——**神道無念流**
福井兵右衛門嘉平（天明頃ノ人）——戸崎熊太郎輝芳——岡田十松——**鈴木派無念流**
鈴木大学重明
（天保二歿）

山口流……無外流　都治月丹資持

機迅流　依田新八郎秀復

当流　山本三夢入道玄常

天然理心流　近藤内蔵助長裕

直心影流・信心流・一宮流・一心流 → 玉影流　高木伊勢守守富（天保五歿）

堀内流・柳生流・一刀流・戸田流 → 鏡新明知流　桃井八郎左衛門直由―春蔵直一（文政三歿）

宝山流・大東流・当流 → 三義明致流　川澄新五郎忠智（天保八歿）

剣術諸流派乱立の条件

どうしてこのように多くの流派が乱立することになったのであろうか。『武術流祖録』の右の系譜は代表的なものだけをあげたので、小さな流派まで数えると、数百に及ぶというのは驚きである。なぜこういうことになったかについては、すでに私は『家元の研究』の「武家社会に成立した家元」のなかで詳しく論じたので、詳細はそれにゆずることとして、ここには、要点だけを述べることとしたい。

すでに芸道成立のところで、兵法に一括されていたもののなかから、剣術を主体としていた兵法が、小太刀とか居合抜とか忍び・柔などのいろいろな武芸が独立して、芸道になったことを述べた。

ところが、このように分化独立して剣術とか刀術と呼ばれる武芸になったその剣術や小太刀・忍び・柔など、さらには砲術も槍術も、その後時代の経過にともなって、それらが、多数の流派に分流した。そのうち最も多くの流派が乱立したのが剣術である。どうしてこういう乱立現象が起ったかというと、私は次の四つの条件が考えられると思う。

(1) 武術諸流は、実力が物をいう芸道であるから、実力者が権威者になるという自明の理がある。したがって、すべてその相伝法は、その実力者から次の実力者へ印可の伝授を完全に相伝するいわゆる完全相伝形式によらざるをえないという、本来的な性格をもっていたこと。

(2)　江戸幕府のもとにおける各藩は、他藩に対し、甚だ排他的かつ対立的な封鎖社会を構成し、特にその武力については、完全に、その藩の秘密事とされていた。したがって各藩毎に独立した存在であったということ。

(3)　したがって、他の芸能の諸流、たとえば、千家の茶道とか志野流の香道などが藩という国境を越えて、広く全国にわたる同好者の入門を許し、全国的な広汎な文化社会を組織したのに対し、武術諸流は、それを集約統一することが不可能な条件にあったこと。

(4)　長い平和の時代が続いたので、何流が実力のある権威であるのかどうか、それを確かめる対決競技の場がなく、そのため、対決すれば当然消滅してしまうような弱体化した流派も消滅することなく存在し得たこと。

完全相伝

(1)であげた完全相伝というのは、師匠から高弟へ免許皆伝として印可証明が与えられると、その高弟は、次代の権威者として、その人から次の高弟へ免許皆伝としての印可証明を与える、という相伝の形式である。これは、古代以来、あらゆる文化伝承に見られた相伝の形式であった。このように、師匠から高弟へ、この高弟が師匠となって、その師匠から高弟へ、印可証明の相伝が完全に相伝されるので、私はこれを完全相伝と名付けた。つまり、教授権と免許状伝授権の二つを完全に与えるわけである。

ところが、詳細は後に述べることになるが、一八世紀中頃になると、都市の富裕町人たちの遊芸文化が著しく盛行し、茶道・花道・香道などをはじめ、義太夫とか長唄・豊後節あるいは琴・三味線などの音曲その他、多くの芸道文化社会に、たいへん多くの門人が殺到するようになり、そこで右の完全相伝形式に革命的現象が起り、たとえば茶道の千家とか藪内流などの家元では、多くの師匠が、茶道の技法は教えるが、免許状は家元からもらいたいという弟子が多くなり、勢い免許状発行権は家元が独占するということになっていった。

そうなると、古代以来の完全相伝は、こういう芸能ジャンルでは全く変貌してしまったわけで、ここにはじめて、これまでの単なる家元であった千家や藪内などの家元が、家元制度の家元ということになり、以後今日まで、家元制度が巨大な文化社会として存続することとなり、一人の家元が何万、何十万、何百万という莫大な弟子人口を集約統制することになっていったのである。

それに対し、同じ茶道でも遠州流とか石州流などのように、武家社会に流布し、幕末まで古代以来の完全相伝を改めなかった流派にあっては、もちろん家元制度にならなかったばかりでなく、たとえば石州流の如きは、宗源派・清水派・鎮信派・野田派・大西派・大口派・怡渓《いけい》派・越後怡渓派・会津怡渓派・伊佐派・不昧派というように、完全相伝であったために、多くの流派に分流していったのである。こういうことで、剣術はすべて完全相伝であったために、茶道石州流が多くの流派に分流したように、同じ条件によって多流乱立することになった。

その乱立現象は、ずっと後の時代のことではなく、大田南畝の編集になる『一話一言』巻二九に収載された「寛文年中江戸武家名尽時の逸物《はやりもの》」というのを見ると、寛文一一年（一六七二）一〇月の江戸における流行ものとして、医術・軍法・兵法・居合・弓・鉄砲・剣術・柔・槍・捕手・針術・茶技・手跡・誹諧・碁・将棋・歌などの流派やその代表者を、七五調の言たて風に書上げていて、その記事によって、寛文頃にはもう、かなり進行していたことが推察されるのである。これは当時の世にもてはやされていた武芸者などの様子もうかがうことのできる興味深いものなので、武芸についての記事の一部を引用してみよう。武芸では、はじめに馬術の伯耆流・八條流・大坪流その他、ついで槍のかし原流・雲平流・法蔵流その他、そのあとに軍法から以下、次のように記している。

先軍法に……　甲州流を　専と　城取を能く　工夫して　専一それを　伝じゆ也　扨其外は　をゝち流　義経流に　公方流　けんしん流に　山本流　楠流に　小笠原流　何も流儀あらそいて　扨兵法に　名高きは　不中とても　柳生殿　一刀流の　小野殿と　此両人はかくれなし　柳生の家の　極しんの　神妙剣と　小野殿の　五天も晴るゝ　星矢当《保捨刀》　文五郎流に　鞍馬《くらま》流　東軍流《とうぐんりう》に　しけん流　天流念流　願流《ぐわんりう》や　吉岡武蔵《ぶざう》　おくま流　扨此比は　旗本衆の　若党共のめり出る　ならひくさせし　病法を　我がしり顔に　口上手　名

の有衆をも　い〻かすめ　きかぬおのこも　あて合せ　もとねにも　ならでは　おさだをふるう　ものおかし　扨又居合　名高きは　田宮の　家の名けんは　おほき敵をも　四方切　片山に秘す　名剣は　水玉や　すいこと剣　兵法の　しあいにて　何れも太刀に　奇妙あり　居合の徳は　扨いかん　先大将は　常〳〵に　手をくだかる〻　物なれば　乱軍に　又やじんば　将と将との　出合なり　しのびの敵に　ねやの内　登城の時と　遊山場振舞の座に　手打の時　舟や乗物　本意成なんを　のがるべし　扨其外の　居合には　一伝流に　一の宮　関口流に　しかん流　吉留流に　土屋流　扨其外は　数しらず　扨又弓に　名高は　せつかの家に　印斎は　吉田竹林　大蔵流　むりも吉田の　久米の家　今の天下の　矢数者は　紀伊のかせ者　その右衛門　年は十八　弓勢は　矢をためともにこへつべし　又其跡を　星野とや　扨又やさし　柳瀬氏　年は八歳　矢は六千　通り矢数は何程ぞ　三千余には　かくれなし　やわらに名よ　息笛《いきふへ》は　かくれなし　ひしぎにせんとおつちめる　しばしはのども　関口屋　ひつひといゑる　下よりも　やわら〳〵と　ひつぱづす　けても痛まぬ　まりの身や　せいこう流は　かぢわらよ　扨鉄砲に　名高は　井上田付　いなとめて　筒の咄し　とんとやむ　今旗本に　しなんする　軍者の執行《しゆぎやう》　誰〳〵ぞ　北條殿の　弟子として　はやらかすは　世に伝兵衛　山が甚五は　名にしおふ山がへこそは　入りにけり　布施の源六　遠藤や　伊兵に高田　平内よ　扨其外は　数しらず　剣術の師は　誰〳〵ぞ　柳生流にぞ　助進斎　又市之進　小野流に　溝口梶井　新

右衛門　斎藤孫四　伊藤氏　平石いり身の　其時は　ころりと　ねごろ　八九郎　井藤安言　当世や　東軍流に　川崎よ　其打太刀を　庄太夫　入の眼《まなこ》を　くらま流　わら品のよき　表裏　しぶくしぶや　長兵衛　いぢ知伊介と　同じ者　戸田の意春も　そとはやるいぢ知学知と　伝心は　生兵法《なまびゃうはふ》の　大疵か　忽ほろび　うせにけり　居合に田宮　流儀迚《とて》長き刀の　すくはげに　入の眼《まなこ》を　ぬきわざや　筒井金太　一の宮　さぞ大太刀　いか程ぞ　三尺八寸　候べし　いか物作り　ぬく手には　たこの出来るも　道理なり　関口流に広瀬氏　権太服部　弥五兵衛に　片山流の　ながれとて　中川はやき　弥兵衛や　敵打太刀の　我が身へは　ちとも近藤　新五左と　菊地与十も　同じ事　大学流は　意春也　法蔵流の　鑓として　道河辺　弥右衛門よ　誰にましほの　彦兵衛　かじ原流に　梅田杢雲平流に　伝右衛門　くだに松本　権太とよ　柳生の鑓は　出淵や　扨其外は　数しらず馬上の功者　稲垣や　清右に松田　伝兵衛　飯村氏　逸見氏　彦左小林　権太夫　宮野主税に　森くらや　長崎氏に　山田氏　庄兵衛　四郎兵衛　与五兵衛　弓功者は　間宮氏次郎兵衛　其外数しらず　関口流の　やわらには　広瀬権太に　弥五兵衛　梶原流に　随賀とや　随諸扨は　神明の　修理も　やわらを　鳥居也　捕手を　須頭　武久斎　此執行者　のたまはく　法は釈迦　武勇武芸　僅《わづか》なる　天上天下　ゆいか毒尊と　申されき

このように、一七世紀の七〇年代に武芸諸流が花々しく競いあっていたことが如実に描写されている。そうして剣術のところには、柳生と小野流、その柳生でも助進斎・市之進とあげており、小野流でも溝口派・梶派・斎藤・伊藤などの分派とその流行人気剣士があげられている。

太平と分派現象

こういう分派分流現象は、平和太平の永続と、(4)の条件によって、いっそうそれが細分化されることになっていったのである。実戦の場や果し合いが行われた佐々木小次郎とか宮本武蔵らの対決時代には、相手に勝つ剣士が実力者でありえた。ところが、平和時代になり、藩独立国の安定社会になってから、対決する場が無くなってしまった。そのために、流派はきわめて多く乱立することになった。つまり、弱小の役立たない負ける流派だということが決定的にきめられないからである。

このことは、逆に、対決の場があれば流派化しないという実例を見ればよくわかる。それは相撲である。江戸初期には、各藩が競って名剣士を抱えたように、名力士を大名たちは召抱えた。そうして、延宝年間の行司木村柳全の著とされている『相撲強弱理合書』によると、相撲の世界にも、江戸初期には流派があったことが記されている。

たとえば、相撲の四八手というのがあるが、この四八手は、諸派によって、三手や五手の相違があり、自分の流でも二とおりあって、ここにあげたのは、古往根本の四八手であると述べているのなどは、明らかに、諸流派があったことを物語っているものである。また、南部藩の四角土俵相撲は有名だが、これも南部藩のお抱え行司長瀬越後守の創始したものだといわれている。つまり、ここにも藩の独自の相撲があったことがわかる。

ところが、宝暦年間に出版された『古今相撲大全』には、武芸諸流が多数の流派に分派していたのにくらべ、この相撲界にあってはついに一つの流派さえ存在していることを記していないのである。

これは一に、相撲界にあっては、全国的な実力対決の場としての、江戸における勧進相撲が行われたからである。流派だとか、家元だとかいっても、江戸の勧進相撲でもし負けるようなことがあれば、忽ちその権威はなくなってしまって、消滅し去るからである。

この相撲界にも、寛政の頃吉田追風家という権威の家が成立したが、これは柳生家などと同じように行司であったり審判者であったり、そして免許状発行者ではあるが、自分自身で勝負の対決は行わないという慣行によって、権威者であり続けることができたのである。

双葉山も大鵬も、生身の人間であるかぎり、永久に勝続けるということはありえなかった。おそらくどのように強い剣豪でも、どのようにすぐれた力士でも、その実力には限度がある。したがって実力の勝敗によってその芸の価値が決定される世界においては、流派は存在しえないのである。勝つことのみが価値を決定し、その芸の権威でありうるのである。

こういう論理から、江戸時代の剣術は数百流にも分派したのである。日本独特の社会の仕組みと、古代以来の完全相伝と、対決なき平和の永続ということによって、世界の武術史にも比類を見ないさまざまの流派が創出されたのである。

このような多種多様な刀剣の流派が、全国各藩の城下に繁栄したのであるが、このことは、単に竹刀や木刀のみで事足りたわけではない。このような流派存在の現象は、そこに、それぞれその流派を存在させるに至った由緒や武芸の実態を伝承しており、伝承していない者は、その権威化の創出に力を尽した。

このため、特に、日本刀の名品が重視されることになり、古代以来の名刀の価値が大きく評価されることになった。したがって、日本刀に関する関心が高まり、研ぎ・鑑定が重要な役割を果すこととなり、鞘作りのための皮革・蒔絵をはじめ、鍔とか、小柄とか、下げ緒の組紐とか、さまざまな刀装工芸が発達をとげた。

こういう芸のわざも、詳しく研究すれば、おそらく、きわめて精巧かつ新鮮な創造活動を展開した実態を見ることができるものと思う。

3　大衆芸能の系譜

『新猿楽記』の世界

大衆芸能はすでに早く、平安時代に、藤原明衡《あきひら》の書いた『新猿楽記』の冒頭に、大衆芸能

と考えられる猿楽の演技を見た記事がある。『新猿楽記』の巻頭には、

予、廿余年より以還《このかた》、東西二京を歴観《へみ》るに、今夜猿楽見物許《ばかり》の見事《みごと》は、古今に於きていまだ有らず。就中《なかむづく》に咒師《のろんじ》・侏儒舞《ひきうとまひ》・田楽《でんがく》・傀儡子《くわいらいし》・唐術《たうじゆつ》・品玉《しなだま》・輪鼓《りうご》・八玉《やつだま》・独相撲《ひとりすまふ》・独双六《ひとりすごろく》・骨無《ほねなし》・有骨《ほねあり》・延動大領が腰支《こしはせ》・蝦漉舎人《えびすきとねり》が足仕《あしつかひ》・氷上専当《ひかみのせんだう》が取袴《とりはかま》・山背大御《やましろおほいご》が指扇《さしあふぎ》・琵琶法師が物語・千秋万歳《せんずまんざい》が酒禱《さかほがひ》・飽腹鼓《あいはらつづみ》の胸骨《むなほね》・蟷蜋舞《いもじりまひ》の頸筋《くびすぢ》・福広《ふくくわう》聖《ひじり》が袈裟《けさ》求め・妙高尼《あま》が繦緥《むつき》乞ひ・形勾当《けいこうたう》が面現《ひたおもて》・早職事《さうしきじ》が皮笛《かはぶえ》・目舞《さくわんまひ》の翁体《おきなすがた》・巫遊《かんなぎあそび》の気装貌《けしやうがほ》・京童《きやうわらべ》の虚左礼《そらざれ》・東人《あづまうと》の初《うひ》京上り・いはんや拍子男共の気色《きそく》・事取大徳《こととりだいとく》が形勢《けはひ》・都《すべ》て猿楽の態《わざ》、嗚呼《をこ》の詞は、腸《はらわた》を断ち頤《おとがひ》を解かずといふことなきなり

と述べているのであるが、これは藤原明衡が、当時の京都の市内のどこかで演じられていた、流行の猿楽の滑稽わざを見た記録と考えられる。

　これらの一つ一つの芸能についてのことは「日本思想大系」のなかの『古代政治社会思想』に収められている『新猿楽記』の校注で詳しく解説されているので省略するが、物真似であるとか、歌や舞であるとか、曲芸であるとか、奇術とか手品、人形廻し、あるいはいろいろな諷刺物まねだとか、あるいは関東の田舎から京上りをした人のおかしさであるとか、いろんな物真似の特殊なわざが演じられて、当時の京都の町はずれに大衆相手の芸能が流行

していたことがうかがわれるのである。

信西の「古楽図」などを見ると、その曲芸の様子であるとか、物真似の図などがうかがわれ、また奇術をしたり、曲芸をしているところなどが描かれている。このような大衆の芸能という古い時代の伝統というものが、その後も引き続いて行われたことは想像に難くない。平家琵琶であるとか、太平記読み、あるいは『新猿楽記』のなかに出てくる傀儡《くぐつ》の人形芸、あるいは白拍子・瞽女《ごぜ》・田楽・狂言・万歳・太神楽など、こういうものは脈々と日本の社会のどこかに伝わってきて、それらがほとんどぜんぶ江戸時代に流れ込んだ一つの芸能の伝統として大衆の間に喜ばれたのである。

このような一般の庶民に喜ばれた芸能というものは、白拍子にしても、傀儡にしても、あるいは太平記読みとかいろんな芸人たちは、一般社会からは疎外された特殊な生業者として、専門的な芸能人というあり方をしてそれらの芸を伝えてきたのである。このような芸能は、江戸時代にもその人たちの子孫が脈々とそれを伝えた。その人々は、大きな寺院であるとか、あるいは大名であるとか時の経済的実力者たちの間に保護されながら、芸能を専業としてそれを伝えてきたのであって、その文化社会は江戸時代になってさらに広い発展をしていくことになった。

もちろん時代の変遷はめまぐるしいものがあるので、消えてなくなったというものもないわけではない。しかし、江戸時代になるとそれがさらに広汎な大衆芸能のジャンルを生み出していくことになった。この大衆芸能というのは、遊芸のように、ほとんどすべての人が素人であるのとはちがっている。遊芸では、専業でない人々がそれを演じることによって、お茶の芸が成立したり、あるいは花の芸が成立してくるという遊芸文化社会なのだが、大衆芸能は、専門の芸人が芸を演じるのである。それを大衆が見るわけで、専業者が大衆芸能という世界をになっていたという特色があるのである。

江戸時代の大衆芸能

この大衆芸能は江戸時代に大発展をすることになる。たとえば歌舞伎踊もその一つであり、人形芝居もそうであり、さまざまなものが、数限りなく創出されて大発展をとげた。歌舞伎踊から展開した歌舞伎劇だけをとり挙げて考えてみても、きわめて広汎な展開を全国的に拡大しながら進展するという盛況さを見ることになっていくのであって、その他、きわめて多種多様なる大衆芸能が展開していったことは驚くべきことである。

私はこの大衆芸能について、幕末期の斎藤月岑《げっしん》の著である『武江年表』、月岑が書き残した『斎藤月岑日記』、小寺玉晁の『見世物雑誌』、あるいは江戸のいろいろな町の中の情報をきわめて大量に網羅、収集した藤岡屋由蔵の『藤岡屋日記』、こういうもののなかから、当時行われていた大衆芸能を抽出してみた。この大衆芸能はいろいろな種類があって、その数もきわめて多い。はじめにこれを大きく分類してみると、第一が曲芸、第二が特技、第三が物真似、第四が踊り、第五が話芸、第六が軽演劇、第七が歌舞伎と浄瑠璃、八番目が大道芸、あるいは流しの芸というようなものに分かれるということになる。次にその概略を述べてみよう。

曲芸では、奇術・手品・からくり・発条《ぜんまい》からくり、水からくり・軽業・曲馬・曲独楽《きょくごま》・三味線の曲弾とか、四ツ竹・扇の手・百目といったようなもの。

特技は、足芸・馬芸・八人芸・十五人芸・十八人芸・百人芸・幟《のぼり》さしというもの。

物真似では、声色《こわいろ》・名鳥声色（オウムであるとか、ツルの鳴き声だとかというものと考えられる）・似顔、つまり顔似せ（これは個人の顔で、いろんな人の顔を表現する）・七面相・身ぶり・所作事《しょさごと》といったようなもの。

踊りでは、住吉踊（これは願人坊主ともいわれたものである）・太神楽。

話芸では、落し咄・謎解き・軍事講談・軽口咄・昔噺・浮世咄・三人掛合浮世話・道具立てのからくりによる咄・ちょんがれ節・うかれ節・アホダラ経・祭文《さいもん》説教その他。

軽演劇では、茶番狂言・照葉狂言・猿狂言・にわか芝居（これには大坂にわかとか、吉原にわかとか、いろんなにわかが行われた）。

第七番目の歌舞伎・浄瑠璃は・影絵・写し絵・人形つかい・女義太夫・座敷浄瑠璃・豊後《ぶんご》浄瑠璃・竹田新からくりといったもの。

大道芸・流し芸、これもかなりたくさんあって、その一部をあげてみると、曲独楽・居合抜・芥子之助・新内流・野だいこ・豆蔵・辻法印・辻説法・辻講釈・万歳・鳥追・大黒・太神楽といったようなものである。

以上は、その名前だけを挙げたにすぎないのであるが、一つ一つの分野において、かなり多くの人たちがその芸に携わっていたというものもあれば、ごくわずかしかいないというものなどさまざまであるが、しかし、いずれにしてもこのような大衆芸能の芸人たちというのは、きわめて熟達した名人芸で大衆の目をひいたのであって、その芸によって身を立てているという人たちであった。

籠抜の芸

たとえば大道芸に、先ほど挙げ忘れた籠抜《かごぬけ》というのがあるが、この籠抜は竹で編んだ籠の中が空洞になっていて、その籠の内向けに鋭い刃物をいくつもとりつけ、その刃物の間をスッとくぐり抜けてみせるという、きわめて危険きわまりない芸を見せるものである。それが、神社の境内であるとか、両国広小路の広場であるとかというようなところで一般の人々を惹きつけて見せたのであって、それを見せるにあたっては、集まってきた人々からなにがしかの金を集めて、そして籠抜を見せた。この籠を抜けるわざというのははなはだ洗練された芸であって、今、大道でそういう籠抜芸などを見ることができなくなったわれわれからすると、驚くべき妙技を見せて大道稼ぎをしていたということがわかるのである。

この籠抜の芸は、『松平大和守日記』を見ると、延宝八年の正月八日の条に、堺町に籠抜の劇場があって、それは竜王蓮之丞座、飛竜勝之介座、藤巻嘉信座、伝内座也、と記しており、同じところの木挽町の記事にも、「木挽町ニハ……竜王蓮之助座、籠抜狂言有」とある。

また、同年二月三日の条には、次の如く記している。

兼約ニ付大沢右近将監殿友之助殿……振舞……馳走に籠抜云付、籠抜太夫、竜王蓮之丞(廿五)、竜馬琴之助(廿三)、鷲尾竜之助(廿六)、鶴之助、チヤル一之進、云立権兵衛

一、杉たち　一、そりをき　一、いるか飛　一、滝をり　一、そりかへり　一、中かへり

一、釣籠　一、花おとり子共六人布衣頭かふり一人二番　一、一つ輪　一、二つ輪　一、三つ輪　一、玉輪　一、釣輪　一、迷ぬけ……三番　一、ふみすへり　一、たちかへり

一、いかふの中飛　一、夢のぬけもとり　一、月輪　一、風くるまちくぬけ　一、くわつきよおとり

蓮之丞、琴之助、鶴之介替り〳〵芸勤、

むつかしきは蓮之丞勤、

今日奥お幾へ籠抜為見

一番、またこし　一、そりぬけ　一、またぬけ　一、座ぜんかへり　一、二面のまた越

一、一尺の輪　一、籠ぬけちかい　一、しかの谷つたい　一、おとり二番　一、籠目輪

一、衣かう籠　一、谷越　一、ひざ車　一、そりかへり　一、中かへり　一、大籠二番
暮時分ニ相済

同年三月八日に松平大和守は、堺町へ使いを出し、江戸城の二の丸へ誰が呼ばれて行くのかを聞きにやったところ、操芝居と籠抜の竜王蓮之丞と松村又楽座と都伝内の三座が酒井雅楽頭に召されて行く由を記し、同一一日には巳の刻（一〇時）に将軍が二の丸へ渡御され御書院へ出御になった。庭に舞台が構えられていて、ここで操と籠抜を御覧になった由であること、また、そのレパートリーを聞き調べたところ、籠抜は次の通りであると記している。

一番、杉立、かめおき、石れい、いるか風、衣かう中抜、夢の抜戻、夢想の中こし、天狗の羽かへり、籠抜二番、らんかんのまたとり、そめかけ、かたかへり、山からゐおとし、夢の浮橋、鹿の谷つたい、そめはし、両籠抜三番、たち抜、釣籠、ひざ車、花車、たち飛、月の輪、つくみ、拍子抜（蓮之丞 琴之助）両人出

というような記事が見える。江戸の歌舞伎三座の近くに籠抜の劇場もあって、そこで興行をしていた大衆芸能で、それが右に見るように、きわめて豊富なレパートリーをもっていた。おそらく、蓮之丞というのが優れた芸人で、さまざまの妙技を見せ、たくさんの新作を開発

したのではないかと思う。

「夢のぬけもどり」「衣かうの中飛」「鹿の谷つたい」などは特に人気があったものらしい。どのように演じられていたものか、全くわからないが、江戸城に召されて将軍の上覧をたまわるとか、大名邸に呼ばれても行くなど、すぐれた芸を見せたのであろう。

こういう劇場での芸が成立たなくなって、その芸人のうちの何人かが、後には大道で芸を見せるということになったらしい。

大道芸

曲独楽というのは、劇場の芸ではなく、大道の芸であった。そしてこれには松井源水という家があって、伝統的な家芸であった。代々浅草の浅草寺の境内で独楽を廻して人々を喜ばせた。八代将軍徳川吉宗の如きも、鷹狩の帰途、わざわざ浅草寺の境内に立寄り、名人松井源水の独楽の妙技を見て楽しんだというほどである。非常に大きな、三〇キロもある独楽を廻して見せるとか、綱わたりをさせるとか、あるいは高いところへ綱を登らせて、上の方にまつってあるお稲荷さまにお参りさせて、また下へ降りてくるような独楽を見せるとか、あるいは日本刀、刃渡りの独楽という、日本刀を抜いて、その刃の上をわたらせ、やおらその日本刀を直立に立ててその先端で廻すとか、扇地紙の独楽という、扇を開いて上端の紙の上をずっと亙り回らせるとか、あるいは一枚の板に、五つ道成寺祈りの独楽などという、真ん中に一つ、周りに白雲坊・黒雲坊・西念坊といったような名前をつけた独楽を置いて、一つずつ回らせるとか、あるいは手の微妙な動きによってぜんぶ一度に回すとか、さまざまな妙技を見せる曲独楽の芸などというものが、非常に発達することになったのである。その曲独楽のすぐ近くに、やはり浅草寺の境内では長井兵助《ひょうすけ》の居合抜という芸能があって、きわめて長い日本刀をすらりと抜いて、日本刀の演技を見せて、たちまちまた鞘におさめるという居合抜、これはがまのあぶらを売る一つのアトラクションでもあった。曲独楽も歯みがきだとか薬などを売る、客寄せのアトラクションとしてそういうものが演じられたのである。江戸の大衆たちはそのようなものを見て楽しんだ。

大道の話芸は、辻講釈であるとか、辻説法であるとかいうようなもので、町の広場の辻だとか広小路などの大道において行っている話芸である。こういうものもきわめて優れた演技が行われていたようである。また、万歳・鳥追・大黒・太神楽といった人たちの芸にしても、それぞれきわめて優れた情景が展開していたようである。特に、三河万歳、あるいは知多万歳などのように尾張のあたりから江戸に出てきた万歳、これは江戸だけではなくて全国に出て行ったわけであるが、江戸に来ると江戸橋のあたりまで、日本橋の南側にあたるところに四日市といわれる広小路があり、このあたりが江戸時代はいろんなものを売っている買物町として大衆に人気のあったところであったが、そのあたりに才蔵市という市が立った。この才蔵市は、江戸近郊の顔の形がいかにもふき出しそうな滑稽な顔をしたような人物が、万歳の相手役になるというので、そこに立って、自分のコンビの万歳が自分を買ってくれるのを待っていた。そういうまことに珍しい市が、毎年、年の暮れになると立ったという。斎藤月岑の『江戸名所図会』にその才蔵市の風景が描かれている。

その絵には、万歳らしい人物と、才蔵らしい人物とが話しあっている風景がおもしろく描かれており、その絵の上部に、

三河万歳江戸に下りて、毎年極月末の夜日本橋の南詰に集りて才蔵をえらひて抱ゆるなり。是を才蔵市といふ。

と記している。川柳にも

江戸橋で道化を一人づつ抱へ
三河から江戸橋へ来て友を買ひ

というようなのがあり、『狂歌江都名所図会』には

古鼓しらべゆるみてしまりなき顔が直《ね》のする才蔵の市

つごもりの市にかかへる広小路顔の間どりの延びた才蔵
というのなどが、江戸橋附近、つまり日本橋の南、四日市広小路あたりに立っていた才蔵市の風景を伝えている。
このようにして、年の暮れの大晦日に江戸へ出てきた万歳師たちは、全く見知らぬ江戸周辺出身の才蔵とコンビを組むことになって、江戸の町々を正月から新春のよろこびをめでたく演じてまわった。そうして二月、三月と時には桜の咲く頃までも、江戸はいうに及ばず、各地をめぐって家々を訪ね、そこで一軒一軒、めでたく祝いごとを舞い納めた。
今では想像もできないことだが、こういう大衆娯楽もすべて夜の芸能ではなかった。どの芸も皆、すべて朝から夕方までのもので、広小路であるとか、町の辻であるとか、あるいは家々の門付芸として、すべて日中だけ演じたものである。なかにはごく簡単な小舎がけで演じていたような芸もあった。

寄席による大衆芸能の発展

すべて手づくり文化の時代であって、テレビもラジオもなければ、夜、十分な照明もないという時代であったために、どれもすべて昼の芸として発達した。それが文化文政期以降になると寄席という夜の芸能が、一般大衆のためにごく低廉な入場料で行われることになり、ここに大衆芸能がきわめて大きく発展、展開をする条件というものが成立したと考えられるのである。

今日のわれわれは、テレビやラジオを通じてこのような大衆の芸能の伝統的なものを見ることができるのだが、江戸時代の寄席というのは各地にきわめてたくさん行われていたもので、しかもその規模は、ごくわずかの人数を収容し、そこで芸人と観客とが打てば響くような、共同製作のような形で芸が演じられたのである。そういう大衆の好みというもの、受ける話というもの、喜ばれる芸というもの、これがきわめて多種多様であり、非常に多くの芸人たちが現われてきたために、多様性、そしてまた奇抜性といったような大発展を遂げることになった。たとえ、まるで安い入場料であったにしても、とにかく金を払って見に来ているという大衆は、すぐ身近で演じている芸を、きびしく見たり聞いたりした。

しかも、夜の芸になり、寄席が莫大な数になり、おどろくべき大人口がこの寄席に動員されることになった。その日稼ぎの労働者までが、夜になると寄席の木戸をくぐった。こういう大衆が、遠慮会釈なく芸を評し、下手な芸人には罵声が飛び、半畳が飛び、芸を演じることもできなくなった。

こういう盛況のなかで、大衆の観方も洗練され、きわめて鋭い鑑賞眼が発達し、名人芸でないと受けつけない、そういう高度な芸が発達することになっていったのである。これは、町の隅々にまで浸透した大衆の文化であった。それは、すべて商品としての価値をもったからである。

祭礼や縁日の晴れの行事に、多くの人たちが趣味や、にわかさわぎの素人として参加するようなことではなかったのである。専門の芸人が、芸を磨き、芸を商品化することのできる夜の芸の世界が広汎に開けたからである。このことが日本の大衆芸能をきわめて高度なものに発展させることになったのである。たとえば都々逸坊扇歌というような、謎解きの名人、三題噺の名人という人のごときは、自分の自家用の駕籠を二丁もって、寄席から寄席を次から次にスピードをあげて演じて回ったというので、文政から天保時代に活躍をしたこの人は、一日に七両から十両ぐらい稼いだというのである。これはまことにすごい収入で、今の金にしてみると一ヵ月約一千万円ほどに当る。今日の芸能人をも凌駕するほどの大きな働きをしていたということができよう。当時、すでにこのような大衆芸能が、単なる遊びというよりは、興行として大きな発展をしていたのである。芸が商品として行われていただけでなく、それが町の隅々まで普及したわけで、いわば文化の商品化が広汎に進展していたということである。

もともと大衆芸能は、阿国の歌舞伎踊りが四条河原で創始された慶長八年の時点において、すでに不特定多数の観客に入場料をとって見せた。つまり芸が商品として演じられたわけである。こういう大衆芸能の文化が商品として興行され、それが各地で行われることとなり、かつ、多種多様の大衆芸能がこのために大きな発展をとげた。それは、京・大坂・江戸という三大都市の発達をはじめ、各地に都市が大きく発達して、庶民文化が著しい発展をとげたことによるが、江戸時代における大衆芸能のめざましい発達は、まことに前代未聞の盛況を見せた。

日本の芸道の特色

以上、貴族文化の伝統、武家文化の伝統、そして町人・庶民の文化の伝統、そういうなかに成立した芸道の系譜についてさまざまの分野を通観したのであるが、このような系譜をもつきわめて多種多様な芸道というものが、江戸時代には盛んに行われたのであって、日本の文化の特色の一つだということができる。つまり、古代以来の長い伝統をもつものがあり、中世以来の系譜をもつものがあり、そして江戸時代に新しく創造されたものがあるというように、古代のもの、中世のもの、近世のものが、互いに並行して行われて、古いものが滅びないままに今日まで続いているのである。このような文化のあり方、存在様態というものは、日本の芸道の大きな特色である。

ところで、こういう芸道は、それぞれに専門の人たちによって行われるもの、あるいは遊芸のごとく多くの専門でない人々が寄って行うもの、さまざまあるわけであるが、そのような遊芸の専門でないものが寄って行う場合でも、遊芸の指導的地位に立つ家というものは、たとえばお茶の世界では、千家であるとか、藪内家であるとか、あるいは小堀家であるとかといったような家々があり、また武芸の場合は、すべて家が世襲的に芸を伝承してきたのであり、大衆芸能もまた、家というものが芸を伝えていく核になって、今日まで続いている家々が少なくない。江戸時代は、これらが全盛をきわめ、多くの家々が栄え、三都はもちろん全国各地にそれらの家々が多種多様な芸を演じ、世界に類のない繁栄を見せ、満面開花をしていた時代であった。

民俗芸能

そして、そういう家の芸というところに日本の芸道というものが成立してきたと考えられるのである。このような系譜をもっている芸道に対し、民俗芸能というものがあって、この民俗芸能は芸道という形をとらないのが原則のように考えられる。それは、民俗芸能の場合は村というもの、つまり生産の共同体というものが、多くの人々の集団によって芸を創造し、またそれを伝承していくという形式が原則になっているからである。歌にしても、踊にしても、あるいは獅子舞とかさまざまな民俗芸能があるが、それらはすべて、村全体の人々が、どの家の責任ということではなく、その芸を伝え、芸を演じ、脈々とそれを続けてきたのである。それは家を中心とし、個人を中心とした芸の伝承ではなく、共同の責任ということによって歌い、演じ続けられてきたのである。そこには芸道という形の、つまり秘伝の伝授とか、秘伝書や、あるいは免許状を与えるといったような形をもたない共同の文化伝承というものが存在した。このように民俗芸能は独特な芸能の形態であるということができる。

ところが、このような民俗芸能は、村の共同体、町の共同体、そういう共同体の結ばれ方が、近代になり、現代になり、弛緩し、解体してくるという現象が目立ってくると、民俗芸能のなかに個人的な家というもの、あるいは個人が中心となってこれを伝承していこうというような形態が現われてくるものがある。そうなると、大衆芸能とか、あるいはその他の、右に述べたような芸能のジャンルと同じような形態をとって、家の芸として固定してくるということになる。こういう傾向をもつような現象が次々と現われはじめているということは、元来の共同体であり、村全体の芸能であったものが、そうでなく、変質してきた現象だと見ることができる、民俗芸能の変わった姿であるということができると思うのである。つまり、芸道として、いわゆる道が成立してきた芸能というのは、それぞれ個人および個人のよりどころである家というものが主体となって展開してきたのであるが、民俗芸能の世界にもしだいに家という個人が主体になるような傾向が現われ始めているということである。

各地の祭礼が、共同体によって盛んに行われていたが、その共同体の解体によって、祭礼自身の運営にもきわめて大きな変質が見られる時代にあっては、民俗芸能の世界におけるかくの如き一大変化も、歴史的現実のきびしい一面を物語っているものである。それは共同体の解体という冷厳な事実の帰結であり、この冷厳なる現代社会のメカニズムの一環として展開している文化現象だといえよう。

第三章　秘伝の相伝

1　秘伝伝授の歴史

第一章の「芸道の成立」、第二章の「芸道の系譜」で論じてきたことは、江戸時代の初期、約一世紀の期間、つまり一七世紀の日本において、古代以来のさまざまな芸能の分野に、芸道文化社会が成立したこと、ならびに、それら諸芸の各分野に、それぞれの芸の「型」というものが定着し、その「型」を演じる実技の実演法と、その「型」の美的哲学的理論、つまり「型」たりえていることの美学とその存在根拠としての理論、この二つを統一し体系化した秘伝書というものが成立したこと、ならびに、江戸時代になってから庶民の間にあって創出された多種多様の芸能やその芸道ならびにその系譜の概略について論じたのである。

このことは、日本の芸の世界に成立した芸道の諸ジャンルが、江戸時代の平和な文化社会の中で、それぞれの芸道が、どのようにその実践法や美学を確立していったかということの概観であって、そこでは、そのような芸の秘伝は、どのような性格のものであり、どのような構造をもち、どのように伝授されたものかということの具体的なことはほとんど省略してきた。

そこで、本章においては、このような秘伝の本質や形体、あるいは、秘伝が成立すると如何に展開し、また如何なる伝授がなされていったか、などのことについて考察し、さらに、江戸時代には、日本の文化伝承におけるこの秘伝の相伝をめぐる革命現象が現出し、このため、世界のどこにも見られない家元制度という独特の文化社会が広汎に展開したことについて考察したい。

秘伝の本質

はじめに、秘伝の性格あるいはその本質というものが何なのか、ということについて考察したい。この秘伝の本質を考察するのに、私は一つの手がかりとして、世阿弥の『風姿花伝』の「別紙口伝」の一節を参考にしたいと思う。それには次のように記してある。

秘する花を知る事。秘すれば花なり、秘せずば花なるべからず、となり。この分け目を知る事、肝要の花なり。そもそも、一切の事《じ》、諸道芸において、その家々に秘事と申すは、秘するによりて大用あるが故なり。しかれば、秘事といふことを顕はせば、させる事にてもなきものなり。これをさせる事（にて）もなしと云《い》ふ人は、未だ、秘事と云ふ事の大用を知らぬが故なり。先づ、この花の口伝におきても、ただ、珍しきが花ぞと皆人知るならば、さては珍しき事あるべしと思ひ設け（たらん）見物衆の前にては、たとひ珍しき事をするとも、見手の心に、珍しき感はあるべからず。見る人のため、花ぞとも知らでこそ、為手の花にはなるべけれ。されば、見る人は、（ただ）思ひの外に面白き上手とばかり見て、これは花ぞとも知らぬが、為手の花なり。さるほどに、人の心に思ひも寄らぬ感を催す手立、これ、花なり。……中略……さるほどに、秘事とて、一つをば我が家《いへ》に遺すなり。ここをもて知るべし。たとひ顕は（さ）ずとも、かかる秘事を知れる人ぞとも、人には知られまじきなり。人に心を知られぬれば、敵人油断せずして用心を持てば、かへって、敵に心を附くる相なり。敵方用心をせぬ時は、此方の勝つ事、なほ（たやすかるべし）。人に油断させて勝つ事を得るは、珍しき理《ことわり》の大用なるにてはあらずや。さるほどに、我が（家《いへ》）の秘事とて、人に知らせぬをもて、生涯の主になる花とす。秘すれば花、秘せねば花なるべからず。

と論じている。つまり、これは珍しい秘事である、秘伝であるということを述べたてて見物衆が珍しいことが行われるんだろうと待ち構えているところに珍しいことをしても、ほんとうは珍しがって見てはくれない。だからそれは秘事であるということを完全に隠しておかなければいけないのだ。そしてそこで珍しいことをすると、見物衆は珍しいと思って拍手かっさい、大いにその芸に感動するということが、秘事の大きな用、つまり大用というものであるのだと、世阿弥は論じている。

しかし、このような秘伝・秘事というものは、舞台における芸のみならず、食物をつくるときの味の材料の秘法、煮方の秘伝など、さまざまなものがある。そのような秘伝が具体的な秘伝書の体系の中に、あるいは文字化できないものは口伝として、あるいは誰にでも伝授してはいけないものは子供のうちでも一人だけ跡を継ぐ一子相伝という形として伝えていくというように、それぞれこれが秘伝という形に成立してきたのである。つまり芸道が芸道として成立してきたということは、そのような秘伝というものを学びとって、そして自らの芸の実演に大いに役立てようというようなことが盛んに行われるようになってきたということであって、このような秘伝は極めて重要な役割を果たすことになってきたのである。

秘伝伝授の体系

それは、世阿弥が論じたような、芸そのものの本質的な秘伝という意味での秘伝のほかに、秘伝書の伝授という秘伝が成立してきたのであって、こういう秘伝は、伝授をするための一つの証明書といった性格が強く、このような秘伝書の成立は、はじめの芸道の成立のところで述べた通りである。

このような秘伝書の伝授という秘伝の相伝は、江戸時代の後期になると驚くべき大発展をとげることになった。そのため、芸道の広汎な分野に、それぞれ相伝のための秘伝書が成立し、それらはいろいろさまざまな特色を見せ、多種多様なものができた。

こういうさまざまな秘伝書とその秘伝は、それぞれの芸によってすべて独特なものである。同じものはもちろんある筈はないことも明らかなのだが、そこに、秘伝のもっている意味とか、構造、つまり秘伝の成りたち、あるいはその秘伝のわざの実践法という点ではほぼ同じことで、そういう原則で秘伝書はできているのである。

こういう秘伝書は、家の秘伝として伝授されてきたものである。そしてその秘伝の多くは、伝授の巻物とか伝授の文献としてつくり上げられ、あるいは図録として、たとえば稲富流の砲術の秘伝書などは極めて多くの図が描かれており、また新陰流・柳生宗厳から金春七郎氏勝に与えた兵法目録などは、刀法の型の図録であったりするのだが、文献としての文字の表記だけというものもある。このようにいろいろな形式をもっているが、それはその芸の神聖な免許伝授の体系としてつくり上げられているものである。そしてその秘伝を伝授する場合には、その伝授のいろいろな体系ができてきた。こういう形式や体系が成立したのは江戸時代のことであって、これも古い時代には初伝・中伝・奥伝・皆伝、あるいは一子相伝というようなものではなくて、完全相伝という、すべてのものを相伝するという形であったものが、家元制度という芸道の大きな文化社会が成立してくると、そういう社会においては極めて多くのひな段式な序列をもつ相伝の体系というものまでができてきたのである。また外国からもたらされたすぐれた砲術あるいはオランダ流の医学、こういったものも、それは芸の技《わざ》であるという場合には、江戸時代にはただちにこれが相伝の、家の芸として独占されるという形で、たとえば高島秋帆の砲術における『高島流砲伝書』として伝授されることになったなどはその一例である。このような伝授の体系は芸道社会における極めて大きな特色となったものである。今日の家元制度の問題点もこの相伝をめぐる伝授料であるとか、その相伝をめぐるさまざまの経済関係が大きな問題をひき起こしているのである。これらはほとんどすべて江戸時代の芸道の展開のなかで形を整えることになったと考えてよろしいと思う。

このような意味の秘伝は先に述べた世阿弥のいうように秘するということはそれぞれの芸の世界において大きな役割を果たしていたということが、そうではなくて、もうすでに誰でも知っているような技であっても、それが秘伝として伝授をされるという伝授の体系というものは、実演をする権利とか、演奏をする権利とか、舞台で上演する権利などを意味することも多くなった。相伝は上演したり実演をしたりするための特許権・上演権を相伝することになった。これが江戸時代の特色である。

伝授の多様な世界

そこで、まずどういうものがあったのかということから述べていくと、家元制度のような非常に大きな世界のなかにおいては、伝授の体系がごく初歩の人から、少し修練を積んだ人、技がかなり熟達した人、そしてあらゆることに上達してその道においてもう並ぶことのなくなって卒業したような人、という形で初伝あるいは中伝あるいは奥伝そして皆伝、という伝授の体系があったり、あるいは能楽の謡の社会のように、一つ一つのレパートリーを伝授されていくという形のものもあったり、さまざまであるが、そのような芸を習うということにおける段階を登っていく体系ができるのであって、これは今日でも、一級、二級、三級とか、初段、二段、三段とかといったような、いろんな文化社会に稽古事として行われている世界においては、一般に見られる相伝伝授の体系として伝わっているものと見ていいのであるが、ほぼ江戸時代に成立した伝授体系のパターンを踏襲しているといっていいのである。

しかも、そのような伝授の体系の秘伝というものは極めて形式化したものになって、ほとんど重要な働きをしないものもあり、いたずらに形式化して、むしろ害毒にさえなっているものもある。成立期には極めて情熱的にこれが体系化され、前にも述べたとおり、仏教であるとか、儒教であるとか、あるいは歴史の上における権威ある存在に発祥したという形をとって、この秘伝の体系を権威づけることをしばしばしているのである。

たとえば古今伝授の相伝の体系ができてきた場合などについてみても、古今伝授そのものがはなはだしく神秘化されたのは宗祇の時代で、江戸初期の烏丸光広の書いた『耳底記』には、初めに藤原基俊が奈良の南円堂に参籠《さんろう》して、歌の道の上達を祈願していたところ、観音菩薩が現われて、その観音菩薩の手引きで紀貫之の口伝を得ることができた、紀貫之の口伝を得て、それを俊成《としなり》卿に伝え、それから藤原定家に伝わり、為家に伝わり、為世に伝わり、東常縁《とうつねより》が伝えて、それを宗祇が直接伝授を受けることによって、古今伝授は体系が整ってきたのであるということになっている。つまり古今伝授というものは観音菩薩の手引きによって紀貫之の口伝というものから展開してきたのだというのである。このことは今日のわれわれの現代意識からすれば、観音菩薩が現われて紀貫之からすればはるか時代を隔てた人に口伝を伝えるというような夢物語、そういうことは信じられないことである。しかし、秘伝の権威を強化するという意味でこのようなものが成立してきたのである。つまり宗祇の時代に古今伝授は神秘化がなされたということになっているのである。そのような意味では、家元制度ができるときに、近くのお師匠さんではなくて、京都の千家から権威ある免許状をもらうとか、あるいは六角堂の池坊家から免許を許されるとかということに憧れるのと同じように、はるかに遠い時代の権威ある六歌仙の時代の歌の道の権威者としての紀貫之にさかのぼった権威化がなされているのである。またこういう発想は日本の常套的な権威化の問題であって、たとえば記紀の神話においても天皇家の先祖が、遠い高天原の神秘の世界から発祥してくるということとか、あるいは『日本霊異記』『今昔物語』などに見える寺院の縁起霊験譚、それらを見ると、この霊験の物語というものは極めて神秘的な世界にそれぞれの寺が発祥してくるのとほぼ同様な類型によって、その起源が物語られてくるように、多くの秘伝というものがそのような権威づけをされているのである。

このような秘伝は、その芸の修得者たちに、修得の程度が進むにつれて、初伝・中伝というような形で相伝をされ、流儀のなかにおける技を神聖なものとして修得していくという体系が成立してきたと考えられる。しかもこのような芸の世界においては、さらにそれがいろいろな相伝の様相を呈していた。それはたとえば雅楽の世界などで見ると、そのことがよくわかる。

まず一子相伝という形式がある。その家の子供たちがたくさんいるなかでも、将来、家芸を継ぐ人にだけ相伝するものである。たとえば陶芸の楽家などにおいても、家を継ぐ人にだけ釉薬の調合法を秘伝として伝授する、黒楽はどのように、赤楽はどのように、といったような、楽家秘伝の調合法は一子相伝になっていたといわれている。それ故、その他の子供たちには教えなかったという厳しいものであって、そのようにして家芸を厳守していくという相伝法があった。これは能楽の家や狂言の家においても同じであったし、多くの家芸の家々が厳守したことであった。

一代相伝。これは他の家の人に伝授をし、伝えていく場合の相伝だが、それは一代だけの相伝なので一代相伝といった。この一代相伝は、だいたい多くの芸において一般的に見られたことで、伝授をされた者は、子供やその子孫にまで永久に相伝された権利が存続するのではなく、その人が亡くなれば、子供たちにはその相伝に権利がなくなるというものである。つまり、子供たちがまたその芸を演じようとする場合には、与えられた家からあらためて伝授をうけなければならないというもの。これが今でもどの芸の世界にでも行われているもので、ほぼ一般の原則であったといえよう。

ただ、雅楽の世界などにおいては、一日相伝とか、返り相伝とか、依勅相伝といったものがあり、一日だけ伝授を受けるという伝授もあった。これは和琴《わごん》という楽器の演奏であって、和琴は日本古来の六弦琴である。楽家としては多家《おおの》が、綿々と代々伝えてきた芸である。たとえば日光の東照宮で東遊《あずまあそび》が演奏されるような場合には、その日一日だけこの和琴の演奏を許可するということが行われた。つまり和琴はよく演奏法は心得ていてもそれを上演する権利はないのであって、上演する権利をその日一日だけ相伝されて、終わると返伝をした。あとは演じませんというのがお返しであった。こういう極めて形式的な演奏権になっていたことなどがあったのである。

返り相伝というのは、もしその家元ないしは宗家の跡継ぎが若くして亡くなったような場合には、その子供がまだ幼少で芸を習い切っていないということがある。そういう時に、すでに皆伝の伝授をした他の家から逆に相伝を受けるというのが返り相伝である。こういう場合も、たとえば千家のような場合には返り相伝をする家というのをあらかじめ決めていた。たとえば鴻池という家がそれであった。千家の家芸が絶えないように配慮されていたわけである。

依勅相伝というのは、非常に重要な文化の伝授を断絶させてはいけないということから、個人のわがままでもって伝授をしないというようなことがあってはならないとか、あるいは、その他のいろいろな事情で伝授が妨げられているような場合に、そのすぐれた文化の伝授が行われるように、天皇命令によって伝授をさせることをいう。このようなことも行われたのであって、こういうのを勅による相伝なので依勅相伝といったのである。

いずれにしても、芸の世界においては権威ある家の芸が庶民である人たち——庶民でない人ももちろんであるが——によって伝授相伝という形で行われ、普及され、しかも、前に述べたような芸名を与えられ、そしてその伝授を通じて芸の社会の遊びのなかに参加して自己解放を遂げることが成立してきたのであって、江戸時代という時代は極めて多種多様な芸の伝授世界というものが展開していた時代であったといえよう。

伝授と官位

また、このような芸の伝授とよく似た形式のものが、古代律令制時代の官位を、芸人とか工人たちが受領するという現象に見られるのである。律令制時代の守《かみ》・介《すけ》・掾《じょう》・目《さかん》は国衙の地方官であったが、律令体制が崩壊して有名無実になってしまった鎌倉時代の頃には、雅楽の楽人たちが右のような受領名を与えられるというようなことになった。

これは、その後も絶えることなく続き、やがて、刀工とか、その他のすぐれた工芸技術をもつような人にも与えられるようになって、いわばすぐれたその道の権威者ということを象徴する称号のようになった。たまたま長年月にわたる戦国動乱によって、皇室経済は極度に衰微したという条件のなかで、このような古代遺制が盛んに多くの工人たちに伝授されるということになっていったのである。

たとえば『御湯殿の上の日記』を見ると、江戸初期には鍛冶屋・鏡師・鋳物師・小細工師・筆師・仏具師・大仏師・鍼師・香具師、墨・白粉・櫛師・菓子師・製紙師・絵師・楽師等多くの業種にわたっている。このほかにも、能・狂言師等も受領していたことが記されている。

ここでは、芸道の秘伝書という巻物に相当するものが、天皇の命によって発行される宣旨《せんじ》で、この宣旨によって受領名が与えられるわけである。この受領名が与えられると、江戸初期には、多くの芸人や工人がその名の上に天下一と書き、それを看板に彫り込んで掲げるようになった。

しかも不思議なことに、『刀工受領選』によると、受領した刀工の数は莫大な人数で、こういうことがどうしてできたのかと思われるであろう。これにはそれなりの理由があったのである。慶長二〇年のことであるが、大坂夏の陣終了の直後、豊臣氏を滅した徳川幕府では、「武家諸法度」ならびに「禁中並公家諸法度」を発令した。この「禁中並公家諸法度」

の第七条に、「武家の官位は公家当官の外たるべきこと」（原漢文）という規定がある。この一条によって、やたらに多くの受領ができることになったのである。

律令制では播磨守とか但馬守とか、一国の長官たる守は一人しかいなかった。当然のことである。それがこの一条によって、武家は公家のその官位とは別であるということになった。もちろん天皇の命で播磨守や但馬守になるのだが、その播磨守や但馬守が何人もできることになったのである。昔は平清盛でもその他の平家の公達たちも、すべて「公卿補任《くぎょうぶにん》」の官員の一員としての官位についたのである。鎌倉・室町の時代もすべて同じであった。全く空文化した古代遺制でしかなかったが、それでも、古代以来の形式はそのまま続いていた。

豊臣秀吉でさえ、二条昭実《あきざね》が関白であったのをやめさせて、関白を欠員にして秀吉がその欠を補うという形式で関白になったのであった。

ところが、この第七条の規定は、何人でも官位に就任することができるということを決めたものである。だから、天明五年（一七八五）に当時の有名な故実研究者であった橘嘉樹は、この法度の注釈のなかで、古今未曽有の新令だといっており、この法度中でも特に注目している。

播磨守とか但馬守とか、国々の名を冠した何々守、あるいは何々掾という工人や芸人のみならず、大名や旗本などの武家に沢山の受領名を名乗る人が出てきたのは、この一条が根源なのである。

こういう受領名を天皇宣旨によって授与されると、さきに述べたように、たとえば江戸初期の浄瑠璃太夫たちは天下一石見少掾《しょうじょう》などという天下一を冠した名を称し、正本に印刷したり看板に掲げたりするようになった。このように、受領名が濫発されるようになった結果、浄瑠璃太夫たちもしきりに受領するようになった。若月保治の『人形浄瑠璃史研究』によると、『雍州府志』に「河内介是浄瑠璃太夫受領始也。次郎兵衛後称二上総介一自レ茲左内宮内、相続盛行」とあることや、『役者五雑俎』の「慶長十八年巳正月十五日、監物口宣頂戴して河内といへり」の記事によって、監物河内介が最初に受領したと伝えられている。しかし『阿国歌舞妓の記附浄るり太夫口宣全』所載の口宣案には同年月日の宣旨によって藤原吉次が河内目《さかん》に任ぜられており、また別の口宣案では同姓名の吉次が寛永一九年（一六四二）一〇月一六日に若狭目に任ぜられているものが記されているので、監物河内介の受領についてはいろいろ疑問の点も残る、といっている。浄瑠璃太夫がいつから受領し始めたか、については、右のように、なお研究の余地がある。しかしこのころから浄瑠璃太夫が受領する慣行がはじまり、寛永・正保頃から元禄にかけて、天下一若狭守・同掾・長門掾《ながとのじょう》・大和掾・同少掾・出羽掾・同少掾・上総少掾・丹波少掾・播磨掾・同少掾・若狭掾・相模掾・加賀掾・石見掾・土佐掾・同少掾などを受領した。そうして彼らは受領することによって、必ず受領名に天下一を冠した。だから上述の受領名の呼称に際しては、最初の天下一若狭守のように、すべて天下一がついているのである。つまりこの浄瑠璃太夫たちは、勅許を得て受領することは大きな誇であり、まさに天下一のことであった。それゆえに多くの天下一があらわれ、みずからの芸を誇とし、劇場の看板にも、天下一石見少掾藤原重信などと記したのである。

天下一について

この天下一という称号は、この受領によってはじめて称し得たものか、そうではなく、さらに別の理由があったものかどうか、ということについては、私はまだ、それを正確に考究しているわけではない。能面打ちに天下一河内・天下一近江・天下一大和というようなのと、天下一是閑《ぜかん》・天下一角の坊・天下一友閑《ゆうかん》というように、必ずしも受領名を称さないで天下一を称しているような人とがある。また、歌舞伎の天下一佐渡島正吉なども受領名とは無関係のようである。

信長・秀吉・家康などとも親しく交わり、日本で熱心に布教したキリスト教の宣教師ロドリーゲスが書いた『日本教会史』（『大航海時代叢書』9、岩波書店）には、当時の芸道の権威者たちのことが詳しく記されている。その一節に、当時天下一を自称していた者がたくさんいたことを次のように記している。

また、往々にして、ある者たちは、自分たちを認めてくれるような者がいなくて、かかる者として自分で名乗り、天下一 Temcaichi〔Tencaichi〕を自称する。それは、この道にかけては国内で最も主要な者、頭 caxira、すなわち頭領の意であり、もしも世襲で、同一の団体が多数あれば、団体または仲間の頭領の意味で、座頭 zagaxira という。これらの人々は自分の家の戸口に看板や表札を掲げるのが習慣となっていて、たとえば、書写用などの毛筆を作ることで、全国で最もすぐれている者は、筆天下一 Fude tencaichi と書いておく。かかる人の中に、剣術《エズグリーマ》〔兵法〕の師匠も含まれるが、彼らはその道における第一人者からその名をとろうとして自信を持った者に立ち向かうのである。

天下 Tença〔Tença〕の首都、都 Miyaco という宮都《コルテ》では、門の入口のように、すべての人が行きかう都市の広場や公道や大通りに、次のように書いて立て札をたてる。「某地の何某、日本国中、すなわち天下 Tença の剣術の達人、某通り、または某家に居住す。異議ある者、挑戦を希望し、木刀または真剣を以て試合したい者は申し込まれたい」。もしも、誰もそれを求めず、挑戦する者もなければ、天下 Tença の首都に、あえてそれを否定しようとする者がいないのであるから、確認されたことになる。幕間狂言を演ずる喜劇役者、音楽なり楽器の演奏なりを指南する者、それらはすべて、公方 Cubŏ 家では最下級で卑賤なものとされるが、職業であるために世襲によって受け継ぐ頭領を持っている。そして、これらすべての楽師や楽器奏者は、たとえその道の第一人者であっても、喜劇役者の頭領の下位におかれる。その他の技芸においても同様である。（同書上、六一八頁）

と、ある。この文章のすぐ後に熊田重邦氏の「天下一」について注解があり、次のように記している。

室町時代頃から天下一と勝手に称していたのを、信長・秀吉時代になって免許制にした。その起源は、元亀四（一五七三）年信長が京都奉行村井貞勝あてに出した定め書きの中に、「天下一号ヲ取者何レノ道ニテモ大切ナル事也。但京中諸名人トシテ内評議有テ可㆓相定㆒事」（『信長公記』巻六）とあるのによる。徳川幕府は天和二（一六八二）年にこれを禁じた。

話が少し横道にそれたかもしれないが、相伝に関する日本人の精神構造を考えていくうえで、重要な問題であるので、この天下一についてもう少したち入って考察をしておきたいと思う。

熊田氏の注解によると、元亀四年に天下一が免許制になったということで、それまでは、おそらく、ロドリーゲスが見聞したような自称天下一が京都の市内とか、各地に、かなり目についた存在であったにちがいない。つまり、名もなき人たちのなかから、秀才・天才のきわめて実力ある武芸者とか芸人とか刀剣鑑定者とかさまざまの工人たちが、我こそ天下一と自負して、その天下一を世の中に公開宣布する目的で、天下一何某と看板を出したのであろうと思われるのである。

ということは、信長にしても秀吉にしても、当時の日本社会の中では、下剋上して上昇転化し、天下の支配者になった人であったが、この二人が、何れも天下一をめざし、下剋上の代表選手とでもいうべき上昇をとげた。そうして、信長は、稲葉山城を攻略した時、ここを岐阜と改め、この頃から「天下布武」という印を用いた。

岐阜は周の文王・武王が岐山から起って、やがて天下を統一した中国の故事にならったものだということは、周知のことであり、秀吉が天下様と呼ばれたこともまた周知のことである。

信長・秀吉を先頭に、あらゆる芸人・工人など、たとえば出雲の阿国だとか、人形つかい、能面師その他、我こそ天下一と自負した人たちが、競って京都に上っていったと思われる。

このような下剋上の溌剌たる天下一思想は、日本の国内で自家醱酵して成立した思想であったのか、中国伝来の思想であったのか、これも明らかではない。しかし、天下という言葉や概念は早く中国から伝来したものであり、天下一思想も、私は中国明代の『天下一統志』などが直接に大きな影響を与えて、日本のはやり言葉になったのではないかと思う。

日本では『大明一統志』として翻刻され、元禄一二年紀州藩の陰山元質が出版している。この大部の書は、原本は明の英宗の天順五年（一四六一）に官版として出版された『天下一統志』というのである。つまり、御製天下一統志として撰修されたもので、この本が、江戸初期には幕府や各藩の統一体制を成文化する模範になった。そういう点から考えても、大明国の天下一統をこのような天下一統志という名で表わしたことは、中国の史上においても画期的のことで、これこそ天下一の最も具体的な手本であった。

この大明国の天下一は、単に『天下一統志』に表明されただけではなく、おそらく、天下一思想として、いろいろな形で日本に流行したにちがいない。また、この『天下一統志』も、江戸初期の幕府や諸大名に大きな影響を与えただけではなく、早くに日本に伝わって、天下一思想を戦国動乱期の日本に流布することになったのではないかと思う。

たまたま、日本全土が、実力者の力が実力なりに発揮できるような戦国時代であったから、内発的に天下一が自家醱酵によって産まれ出たかもしれない。そういう時代の展開のなかで、元亀年間に天下一が許可制になったというわけである。

このことは、信長の命によったということで、信長が、天下一に歯止めをかけたということである。それは、下剋上の風潮を断ち切ろうとしたことである。このことは秀吉も同様であって、天下一自称といった下剋上を断ち切っていった。それが同じく家康に受けつがれていき、そのため受領を無制限に与えうるような、「禁中並公家諸法度」の第七条規定を設けたのである。

こういう歴史的な展開を見てくると、日本では、信長や秀吉自身が、下剋上を完全に遂行して絶対君主になり、絶対主義政権を展開することをしなかったこと、そのことに日本的特色が露呈されている如く、信長や秀吉は、そしてまた家康も、天皇の臣としての政権支配者でしかなかった。それだからこそ、右の第七条のような、古今未曽有といわれる規定ができたのである。

たいへん道草を食ったが、こういうことで、浄瑠璃太夫たちも、受領すると、天下一を称し、それを誇とした。同時にまた世の人々も、その天下一をすぐれた太夫と見たのである。そうして、たとえば江戸喜右衛門板の天下一土佐少掾正本『桓武天皇』のように、浄瑠璃正本にも、天下一を冠した受領名を記すようになった。

ともかく、自称天下一は禁止されて免許制となって、受領者は公然と天下一を称しえたようだが、その他の者も、『信長記』の記事のように存在しえたのであろうから、天下一はいたるところに出現し、このタイトルが身分制の格式や序列を乱すようなことになったりして、幕政上矛盾を生ずることが多くなったらしく、ついに幕府は天和二年（一六八二）にこれを禁止した。『常憲院御実紀』巻六、天和二年七月一六日の条に「各国諸工人等招牌に天下一の字を用ゆる事を停禁せらる」とあるように、禁止令を出した。その禁止の御触書は左の如くである。

覚

一町中にて諸事に、天下一之字書付彫付鋳付候儀、自今以後御法度に候間、向後何によらず、天下一之字付申間敷候。勿論只今迄有来候鑑判鋳形板木書付等迄早々削取可申候。若違背仕もの有之においては急度曲事可申付者也。

七月

（『御触書寛保集成』諸商売之部一〇〇四頁条文二〇五一番）

というのである。これは天和二年七月である。『御当代記』という本には、この禁止令が出たことを、次のように書きとめている。

けつこうなるかな、ものうちたるかんはんをこはし火に焼、黒塗下地のかんはんには天下一と云文字を消し、あるひは紙にてはりかくす。諸人のいはく、天下かくれて天下消いま〳〵しといふ落書に

かけておくはくのかんはん無用ぞと
天下一同これもきんぜい

とあるように、当時の人はこの天下一に対し、かなり強いあこがれをもっていたようである。戸田茂睡の『紫の一もと』には、

流星玉火にぼたんや蝶や葡萄に車火や、是は仕出しの大からくり、てうちん立笠御覧ぜよ、火うつりのあぢはひは仕つたり天下一、あつちやあ〳〵とほむるもあり、（戸田茂睡全集二七三頁）

とあり、天下一は、京都や江戸では、世の人々にもてはやされていたことが推定される。こういう流行の風潮を断ち切ったのが天和二年の禁止令で、以後日本には天下一の称が根絶されてしまった。

天皇宣旨以外の受領宣旨

しかし、受領名は盛んに行われるようになった。右に述べた浄瑠璃太夫の受領の如きも、原則としては、すべて天皇宣旨である筈だから、江戸初期のものはすべて口宣案《くぜんあん》によった天皇宣旨をもって本格的勅許受領であった。ところが江戸中期以降になると、五摂家の例えば近衛家とか鷹司家から出すとか、あるいは嵯峨御所・御室御所・勧修寺宮から出すなどとい

う受領もあった。

　このほか、このような空文化した古代遺制としてのタイトルを授与した京都の公家や権威ある寺社などが、江戸後期には、さまざまな伝授書を作って、相伝することが一般化してきた。これはまことに注目すべき現象なのである。

　白川神祇伯家や神道吉田家が発行した白川宣旨や吉田宣旨は、神官ならびに諸国の大工棟梁たちの免許証であり、三河万歳の三州御役所を媒介として、寛政二年に三河万歳の権威の家として推戴された陰陽道の伝統的な家柄であった土御門家なども、同類型の免許証発行の家になった。

　白川神祇伯と吉田神道の吉田家は神官や大工の免許としての宣旨を発行しただけではなく、滋賀県愛知郡君が畑の大皇大明神社ならびに、同筒井の筒井八幡宮によって、全国木地師仲間を統制する権威の家として推戴された。

　初代広重の描いた『名所江戸百景』の「大伝馬町ごふく店」という錦絵には、大きく染出された大丸の暖簾の店先を風折烏帽子に浅黄指貫の衣装を着用した大工の棟梁が、上棟式に向う途中の街頭風景が取材されていて珍らしいものである。この絵の棟梁も、おそらく、白川か吉田か、何れかの宣旨を与えられ、その宣旨によって、この上棟式の日だけ風折烏帽子・指貫着用と、受領名を名乗ることが許されていたものと思われる。『清水建設百五十年』には、清水家の先祖清水喜助が嘉永二年（一八四九）に、京都の神祇伯家から与えられた免許状が載っている。この免許状の文面は、右の広重の絵そのままといってよい。左に記してみよう。

今般依㆓懇願㆒、神祇道拝揖式、被㆑令㆑被㆓授与㆒訖、因上棟之節、一日傍例風折烏帽子浄衣浅黄指貫着用、祓式之節称㆓日向与㆒可㆑令㆓進退㆒者、執達如㆑件

雑掌奉

神祇官統領神祇伯王殿

嘉永二年七月七日

江戸住番匠清水喜助殿

とあり、白川神祇伯家の発行した清水日向という受領名を、上棟式の日一日だけ称することができ、右の特別な装束を着けてそれを演じたのである。

四条家の庖丁道家元としての免許状も、江戸後期から、庖丁式に当り素襖《すおう》熨斗目《のしめ》の特別装束着用を許可するという免許状を発行することになった。

検校頭巾・検校装束・検校杖と検校免許を与えた久我家、蹴鞠の相伝も着用衣装に関する特権授与というのがその内容であった。

というようなことで、すでに何百年も以前にその実体を無くしてしまった古代律令制時代の遺制を、いかにも権威あるものの如くに復活し、それを相伝することによって庶民の欲望

に応えたのである。

権威へのあこがれと相伝

そういう庶民の欲望が湧き起ってきたこと、権威にあこがれ、その権威の力を相伝されることを熱望したこと、これが、秘技相伝に関するたいへん重要な役割を果すことになっていくのである。なぜそういうことになっていったのか、これは、日本の芸道におけるまことに重要な文化現象であり、しかも、広汎な芸道の分野に展開したことでもあるので、次にそのことを考察してみたいと思う。

空文化した古代遺制が、あたかも実力ある内容をもったもののように復活してきたことは、それが芸の世界のうえに展開した場合、芸の権威化として重要な役割を果したのであって、いわばこの秘伝の相伝伝授ということは、単に芸を遊びとして行うとか、あるいは慰みとして演じるということを超えて、俗世の日常の生活の序列のうえでは極めて段階的に上下の差別で格付けされてしまっているが、そういう俗世の差別世界のなかで他の人びとよりも上位に進展して、そしてその上位なる世界に上昇転化することによって、日常における下位なる下層の身分というものを解消し、自己解放の実を上げるということに大きな意味があった。つまり身分制の枠内にあって、その枠を無くするということに大きく役立っていくという役割を果したのである。このことが、いっそう盛んになった大きな理由であると考えられるのである。

そういうことになると、最初に述べたような秘伝の秘伝たる哲学、秘伝たる本質、そういう姿からはしだいに形式化して、そこに秘伝のもつ社会的な役割、あるいは秘伝のもつ伝授料の経済的な役割といったような形式化の面において、それが独走することになるとか、あるいは芸道において身分の上昇をはかるというために、それが意図的に経済的なものによって買い求められるというような弊害も伴ってくるようなことになるので、秘伝の体系というものは、成立期の純粋な秘伝から、やがていかんともすることのできない形式化してしまった相伝体系ということになり、俳句の俳名とか尺八の竹名とか、いろいろさまざまな問題が社会問題にもなっていくようなことも少なくなかったのである。

普化《ふけ》尺八〔編集部註：普化宗の虚無僧《こむそう》が吹いた長さ一尺八寸の尺八〕は武家ないしは浪人の人たちの特権的な遊びであるとされていたものが、町人たちが盛んにその名前を与えられるということから、幕府より禁止命令が出た場合に、それは俳句の俳名と同じであるというようなことで、尺八社会はこれに反撃するということなどがその一つであったといえよう。

尺八というのは、関東の青梅の鈴法寺、松戸の一月寺《いちげつじ》、この二つが本寺といわれるそのいちばん権威をもった寺であって、尺八を吹くことが禅である尺八吹禅といわれていたのであるが、武家およびその浪人という世界だけに限られていた尺八が、町人の間に極めて盛んに行われるという現象が展開してきて、この普化尺八を演奏する江戸の町の吹合所と呼ばれた出張所、こういうところに町人が殺到して、極めて多くの尺八愛好文化社会というものが成立してくる。

そうすると、その人たちに免許を与える。その免許を与えるということは同時に、免許料が本寺に経済的な収入としてたくさん入ってくるという状況にもなったわけで、これが禁止されるということは、寺側にとっても極めて重要な経済問題である。これは町人にとっては文化的活動を禁止される、まことにゆゆしき問題であり、また、一月寺、鈴法寺にとっては、経済的にゆゆしき問題である、というようなことの結果、幕府に対する強硬なる反撃になったのだと考えられるのである。

つまり江戸時代の庶民のあいだにはこのように、武家のあいだに行われた文化であるとか、貴族のあいだに行われた文化というものが、極めて情熱的に町人の間に普及していくことによって、相伝の体系とその下部社会は大きな文化社会を形成していったのであって、そういう展開があったからこそ、それまではまったく問題にならなかった雅楽の伝授の問題も大きな問題を引き起すことになったりした。たとえば抜頭《ばとう》という舞楽があるのだが、この抜頭はどこの家が上演権をもっていたのであるかというようなことをめぐって論争が行われるという現象が出てきたのである。それはその抜頭を伝授する伝授権をめぐって、伝授料が自分の家のものになるか、他の家のものになるかという経済問題を伴うことによって、明確な一つの論争になり、権利争奪戦が展開された。また、それぞれの村における芸能の演じ方をめぐる芸能人と村人とのあいだの論争であるとか、あるいはどこかの神社において舞楽を演じる場合の上演権の争奪戦であるとかというようなことが、いろいろと問題化したりした。これらの相伝というものは、古い時代以来の完全相伝の時代から、上演権といったような演奏を通じての経済問題につながってくるような問題になることによって、社会的にあるいは文化的にこの相伝の一つ一つの芸能ジャンルにおける問題が明らかな姿をとるようになったともいえるのである。

どの家の家芸はどこまでが自分の家の権利であったかとか、このレパートリーは自分の家のものではなくて、伝授を受けなければならないものであるとかというような問題ができてきたのであって、そういうことは直接、経済問題などと関連しない時代においては、実はどうでもよかったことであったものが、庶民のあいだにおける芸道修行の、それを習いたいという人、あるいは上演の機会が極めて多くなることによって、そういう問題が相伝上、具体化してくることになっていったのであって、そういう意味でも、江戸時代の相伝体系というものは、古代以来の相伝に大きな革命現象がもたらされ、そしてその相伝は、さまざまの社会問題、経済問題を呼び起こすような現象を伴うことになっていったのである。

江戸時代の相伝体系の意味

それは客観的にながめて見ると、日本の芸の家というものがそれぞれの守備範囲を明確にして、そして秘伝伝授の体系を整え、また、その伝授の権利・範囲、そのようなものの確立がなされ、同時にそれが多くの人に伝授されていくことによって、各々の家にそれぞれ入門者、あるいは免許状伝授者、あるいは高度な許状を与えた者といったような、門人帳というものも成立していったのである。これはたとえば堀川塾の伊藤仁斎のころからずっと後のちまで、綿密に書かれた堀川塾の門人帳であるとか、あるいは江戸の昌平黌の入門者の記録である『升堂記』であるとかといったものから、香道志野流の門人帳、あるいは藪内流の門人帳、その他、豊原家門人帳であるとか、辻家門人帳であるとか、多くの雅楽の家々の門人帳などがいろいろ残されていることによって、この家々の秘伝の相伝がどのように行われたかということを具体的に知ることができる資料もたくさん遺されているのである。

つまり、このような伝授の体系というものを考えてみると、元禄以前の非常に早い時代から、たとえば伊藤仁斎の門人帳を見ると、全国の町人、京都・大坂・江戸・名古屋・金沢といったような大都市だけではなく、へき遠の地における町人たちまでが、京都の堀川塾に入門していたことが明らかなように、全国から集まってくる町人門人が、京都のいろいろな芸能に入門するような条件が成立してきたことによって、この秘技相伝の体系というものはしだいに明確な形をもって確立していったということがいえるのである。

というのは、江戸時代になると、あらゆる芸の世界の秘伝というものが、家元的あるいは家元制度的という、伝授の入門料あるいは伝授料、そういう一つの形式が整ってきたところに、また一つの整備された文化社会の姿が確立されてきたといっていいのである。

しかし、それは前にも述べたごとく、その入門料あるいは伝授料というものを通じて経済関係を強化していくという面がしだいに見られるようになっていったことも争えない事実である。しかし、そのこと以上に、この伝授を受けることによって、当時の町人たちが身分の上昇転化を遂げ、そのことによって自己解放を遂げていくという生活哲学の、プラスの面は依然として大きな比重を占めていたのであって、男性社会であるこの伝授体系の芸の世界というものは、日本の庶民が文化を通じて社会的に身分上昇の転化を遂げる極めて大きな糸口であったという意味において盛況をきわめていったのである。

そういう意味では、この伝授の体系というものは、町人・庶民社会にとって大きな生活の身分解放の絆になりえたものであったために、さまざまな分野にこれが広範に展開していくということになったのである。つまりそのような点で、芸の道を金で買うというようなこともないわけではなかった。

2　家元制度と相伝

家元制度の成立と秘伝の相伝

このようにして、芸の世界の秘伝の伝授が、芸の伝授を媒介として、そこに身分上昇の転機になりえたところに、庶民の大きな関心を呼ぶことになったのであるが、この場合、より有効にこの身分の上昇転化を実践するということをめぐって、江戸中期に、秘伝相伝の文化革命現象が起り、そのことによって、単なる家元であった芸道諸流の家元が、いわゆる家元制度を構成することになっていったのである。

日本文化には、古代以来、雅楽の笙・篳篥の家であるとか、箏の責任の家であるとか、和琴を伝える多家であるとか、神楽の家だとかという、そういう家が早くから確立していたし、また弓や馬の小笠原家であるとか、大坪家であるとかといったような家、それらは、今日の言葉ですれば家元ということにあたるわけであるが、このような芸の家を家元という言葉で呼ぶようになったのは、江戸時代も中頃以後のことであって、家元という言葉そのものも古い時代にはなかったのである。

家元という言葉が最初に使われたのは、平山敏治郎氏の研究によって明らかにされた元禄二年のことであって、それは奈良の興福寺とか、東大寺とか、唐招提寺とか、法隆寺とか、そういう大きな由緒ある寺に、将来、立派な僧になる子供たちを送り込む家、そういう家が家元といわれたということ、それが初見であって、芸能の家元というのが言葉として現われてくるのは一八世紀の中頃のことで、藪内流の、藪内竹心の高弟の関竹泉が著わした書物のなかに、初めて家元という言葉が現われるというようなことなのであって、かなり後のことである。このような芸能の家元が現われてきたということについては、文化伝承の上に大きな革命があったから、そのような現象が一般に目につくようになってきたということであろうと考えられるのである。

この家元については、『家元の研究』という私の書物に詳しく書いたので、詳細はそれを見ていただくことにしたいが、中心点だけを申して、この芸道の系譜という問題に関連するところを整理しておきたいと思う。

つまり、先ほど述べたごとく、家元にあたる家々というものは日本の古代以来、続いてきたことであり、一七世紀の初頭には芸道が成立して、多くの剣術の家であるとか、お茶の家であるとか、立花の家であるとか、香道の家であるとか、さまざまな芸道の家が大衆芸能においても確立してくるという時期を迎えたのであって、そういう家々の伝承の形態というものは、多くの弟子に芸を伝承したわけであって、たとえばそれは『古今集』の伝授などにおいても、古今伝授という形で行われる。この古今伝授を一つの例にとると、細川幽斎から伝授を受けた八条宮智仁親王は、その伝授をまた次の人に伝授していくという形で、文化伝承というのは伝授された。これが日本の、古代以来の文化の伝承パターンであった。

つまり、芸が熟達し、その蘊奥《うんのう》をきわめたものは、先生であり、師匠である人からその芸の、たとえば『古今集』、たとえばお茶、たとえば立花といったようなもの、剣術もそうであり、馬術も、弓もぜんぶ、印可証明として、すべての教授権・伝授権というものまで与えられ、認められたのである。私はこういう伝授の仕方を、完全に伝授するので完全相伝という呼び方をしているのであるが、古代以来、日本の文化伝承はほとんどぜんぶ完全相伝の形をとって行われてきたのであって、仏教の、真言密教・天台密教、および浄土宗・禅宗、そういう世界においても、すべて完全相伝の形態をとって文化は伝承されてきたのであった。

ところがそれが、芸能の世界において——主として芸能の世界であるが——江戸時代中期頃になると、そこに完全相伝でない文化の伝承形態が成立することになったのである。完全相伝でない文化の伝承が行われるようになったというのは、茶道の千家であるとか、藪内流であるとか、あるいは香道の志野流であるとかというような家々の伝授の形態が、一面においてはなお完全相伝の形式をとどめながらも、そのほとんどは家元がすべての免許状を発行するという形になって、そしてその家元の高弟たちは、お弟子をもって教えたり、指導したりはするけれども、免許状を発行することはしない、つまり伝授の形式がすべて家元からなされるという、そういう形に大きな変化をしたのである。

これは完全な相伝でないので、不完全相伝、家元の伝授権というものがきわめて大きくなって、伝授をする場合も、教授権だけを伝授する、つまり免許状発行権は伝授しないのである。古代以来ずっと、免許状の発行権も教授権も、すべての芸能の権利を弟子に譲り渡したのが完全相伝の形態であったのである。

ところが、その完全相伝がそうでなくなって、家元がすべての免許状発行を独占するようになったのである。だから、教える人はたくさんいたのだが、この教える人たちは教授権だけを与えられて、家元家芸の拡大再生産機関になっていった。つまり家元の直弟子、直弟子のまた弟子、そのまた弟子、また孫弟子というように、何段階もの重層的な文化社会の構造ができて、末端には非常に多くの文化人口が成立してきても、古代以来の完全相伝であると、その免許状を与えられた人が伝授をしていくのに、その末端の人はどれほど多くなってもすべて頂点の家元から免許状を与えられるという、極めて大きな文化人口を擁する家元制度文化社会というものが成立することになっていったのである。このことはすでに『家元の研究』に詳しく論証したところであるので、詳細は省略するが、なぜそういうことになっていったのかということは、芸道上の重要な問題であるので、その要点を述べておきたいと思う。

家元制度と身分の上昇転化

この大きな文化伝承の革命現象は、家元の側でそういう強硬政策が行われたということではなくて、多くの町人および富裕な農民たちといった庶民が、この稽古事、遊芸の世界なぞに遊ぶことになり、お茶・生け花・香道・俳諧、そういう世界に行くことによって芸が上達してくると、立派な芸名などを与えられた。日常の八百屋・魚屋・呉服屋などの、つまり町人として、士農工商といった身分制度の下層に位置していなければならない人びとが、遊芸の世界に行って立派な名前を与えられ、その文化活動をするということは、俗世との関わりを遮断して、現実の世俗とはまったく別の文化世界に転生し、そこで人間としての解放感をあじわうことができる、つまり自己解放を遂げることができる、いい換えれば、大名・旗本・将軍という人びとの指導者にもなりうるという新世界が、そこに実現したのであって、そういう世界は庶民にとっては極めて魅力的な世界であったのである。

つまり、血を流す武力革命といったようなことをしないで、文化的に身分を上昇転化して、世俗を断絶し、そして変身・転生を遂げることによって、高度な人間文化の社会を別世界としてつくり上げたわけであって、そのようなことから、多くの人びとは、権威ある京都の千家、あるいは六角堂池坊、あるいは志野流峰谷家といった、日本における最も指導的な権威者から免許皆伝を受けて、そしてその世界において自らの世俗性を断絶した高度な文化人としての活動ができるという、生活哲学というか、身分解放論理というものを獲得したのである。したがって、多くの富裕町人をはじめ、そのような文化に身を挺していく人が続出してくることになったのであって、この現実遮断・変身の思想ならびにその実践の具体的方法というものは、江戸中期のいろんな遊芸文化にたちまち波及することになっていったのである。

従来、雅楽の世界などには家元制度はなかったと一般にいわれてきたのであるが、たとえば豊原家の門人帳なぞを詳しく分析してみると、雅楽のような文化社会においてさえ、多くの人びとが入門して、そこに家元制度が成立していたことがわかる。これは日本の遊芸文化社会における極めて大きな展開現象であったということができるのである。

このような文化革命を遂げたのは、社会の中では下層に位置していた町人たちが、実力も伴い、文化的にも経済的にも大きな力をもちながら、政治的にも、海外へも、雄飛することのできない国内の状態の中で、自らを解放し、上昇・転化していく生活哲学の論理として展開してきた、極めて大きな日本の文化現象・社会現象の典型であるということができると思う。

こういう文化伝承の革命に対し、古代以来の完全相伝文化の伝承形態をとっていた武芸の世界であるとか、同じお茶の流派でも、たとえば武家社会に広く行われていた石州流の茶道などは、江戸時代においてはひき続いて完全相伝の形態をとっていたのであって、そのような社会においては、流派は極めて多く分派し、次から次へと完全相伝で伝授が行われていったために、多くの石州流分派が見られるとか、剣術のごときは、前に述べたように、数百流の流派が行われていったということになるのである。流派多様化の現象は、一に完全相伝という日本の文化伝承の、古代以来の形式・様式というものが大きな要因であったことがわかる。

このような完全相伝あるいは不完全相伝といった伝承形態の伝統およびその変貌によって成立してくる単なる家元、あるいは家元制度をつくった壮大な文化社会、そういうものについていろいろな問題点があるのだが、ここでは芸道の問題として、そのような問題には必要のあるところ以外、省略していきたいと思う。

つまり家元制度は、かってそれが成立したころにおいては、身分を解放されなかった有力な庶民たちの解放の場としての大きなメリットが存在したのであるが、やがて家元制度の権威・権力、そういうものが非常に強大化してくると、そこにいろいろなマイナスの問題が集積してくるようなことになり、また、家元の権威を隠れみのにして肩書きにものをいわせて、実の伴わない行動をするような不心得な者なぞも出てくるとか、いろいろな問題が起こってくるのである。

このようにして家元制度が成立して、いろいろな問題が生じたりするようになってくるのであるが、この芸道が成立してから今日までの大きな節目としての展開というものを、ここで整理をしておきたいと思う。

家元制度成立以来の芸道の展開

それは芸道としてまず第一期の一七世期初頭から一世紀ぐらいのあいだに成立してきた芸道の背景社会は、主として新興の武家貴族を母体として展開した芸道世界であって、それが元禄のころから一八世紀の中葉ころ、文化の伝承革命が行われるといった時期は、士農工商の商人クラス、つまり都市において大きな経済力を獲得し、その経済力によって社会的・文化的な地位を確立し、重要な人間の文化指導者たちに成立してきた町人たちが、この芸道の主体的な勢力になってきた時期、この時期に大きな文化伝承革命が起こって、家元制度が成立してきた、ということになるのである。

この第一期・第二期の芸道展開期というものは、ほとんどすべてが男性の文化社会であって、香道・茶道・華道、つまり生け花のような世界においても、ほとんど全部が男性によって演じられたということが、その大きな特色であった。しかも、日本の近代がひらけ、明治時代になっても、この現象はほとんど変わらなかったのであるが、日清・日露の両戦役の結果、戦争未亡人の人たちが、社会的活動をして身を立てていかなければならないような条件が成立してきたところで、女性が芸道の世界において入門を許されるという変化が生じ、やがて戦後の時代を迎えると、昭和三〇年代以降、極端にこの芸道世界のほとんど全分野が、女性文化社会に大展開を遂げ、かつての男性文化社会は、完全に女性文化社会に変貌してしまったのであって、そのような意味では日本の芸道文化社会というものは、かつて第一期、一七世紀初頭は武家貴族たちの男性、やがて商人社会、そして現代は女性文化社会に変貌したという、大きく三転した文化社会の変貌が見られるのである。

現代の家元制度に関するいろいろな問題は、この女性文化社会がばく大な文化人口にふくれあがったということによって、文化の高度な実践・創造の場というよりは、むしろその場を通じて一つの企業体としての営利資本主義社会であるという形態をさえもってきているのであって、そのようなところにいろいろ問題点がまた続出してきている状態である。

しかし、そのような家元制度でない、今日といえどもなお完全相伝を踏襲している家元の文化社会、あるいは家元的文化社会という世界においては、芸の伝統・伝承・秘伝・伝授、そのような形態が古代以来、脈々と今日まで続いてきているのである。

以上のように、日本の芸の世界においては秘伝の相伝をめぐって、まことにさまざまな現象が展開した。この文化的諸現象は、きわめて日本的な現象であり、特に家元をめぐる諸現象については、拙著『家元ものがたり』『家元の研究』『現代の家元』ならびに、そのような文化現象の実体と日本的思想の根源との相関関係を考察した拙稿「江戸文化における虚像の実像」（成城大学、日本常民文化紀要第四輯昭和五三年二月刊）などに詳しく述べたので、参照されたい。

きびしい秘伝の世界

ともかく、空文化し、形式化して、ほとんど秘伝の力を持ち得ていない秘伝もあれば、なお今日も芸の実技の秘伝をめぐって、熱烈な芸道修得の猛練習が行われている分野もある。こういう芸道ジャンルでは、昔もまたはげしい修練が積重ねられたのであって、そういう苦心談や美談が多数語り伝えられており、また芸談の記録などが残されている。

こういう全力を傾倒して芸に邁進した人々の精進ぶりや、その修得の苦心談には、襟を正してこれを礼拝したいような敬虔な気持に誘われるものである。

この章のはじめに私は世阿弥の『風姿花伝』が伝えている秘伝の本質について述べたのであるが、同書の最後のところには、

一、この別紙口伝、当芸において、家の大事、一代一人の相伝なり。たとひ、一子たりと云ふとも、無器量《ぶきりやう》の者には伝ふべからず。「家、家にあらず。次《つ》ぐをもて家とす。人、人にあらず。知るをもて人とす」と云へり。これ、萬徳了達の妙花を極むる所なるべし。

と、まことにきびしい世阿弥の決意が記されている。観世宗家に、果してこのようなはげしくきびしい世阿弥の決意が脈々と伝えられてきたかどうか、それは明らかではない。しかし、芸の世界では、それが秀れた芸であるためには、このようなきびしい伝統的秘伝思想とはげしい実践が無ければ、秀れた芸でありえないのである。

第四章　芸の修得

1　一生修行の世界

『風姿花伝』の芸の修得

世阿弥が『風姿花伝』の最後に述べた秘伝に関する決意というものについて考察したが、この『風姿花伝』には、物真似条々とか、稽古条々とか、芸を修得するについての心がけが最初に書かれており、それらは世阿弥が三七歳から四〇歳のころにほぼ書かれたものであるということが、奥書によって知れるわけであるが、そのような年頃の時に世阿弥は先に述べたような極めて激しいこの秘伝に対する決意というものを呈示しているのである。しかも、そのような決意をもって書いたこの『風姿花伝』のなかで、彼は芸の修得の心得をいろいろな形で記述している。この日本のすぐれた芸術論のなかに述べられていることで、まず注目すべきことは、最初の「稽古条々」のところで、一七、八よりというところにこのようなことが書かれている。

この比は、また、余りの大事にて、稽古多からず。先づ、声変りぬれば、第一の花失せたり。体《てい》も腰高になれば、かかり失せて、過ぎし比の、声も盛りに、花やかに、やすかりし時分の移りに、手立はたと変りぬれば、気を失ふ。結句、見物衆もをかしげなる気色見えぬれば、恥かしさと申し、かれこれここにて退屈するなり。

つまり一七、八の時期というのは、最初の花がうせて、そして停滞期である。退屈するものだ、見物も喜ばない、ということを述べ、その時期の芸の練習のことについて次のように述べている。

この比の稽古には、ただ、指をさして人に笑はるるとも、それをば顧みず、うちにては、声の届かん調子にて、宵・暁の声を使ひ、心中には、願力を起して、一期の堺ここなりと、生涯にかけて能を捨てぬより外は稽古あるべからず。ここにて捨つれば、そのまま能は止まるべし。

つまり、極めてスランプ状態であり停滞状態になって、人の人気もまったく集まらないというようなときこそ、非常に重要であって、そういう時分に宵・暁の声を使い、しかも願力をして一期の境はここであるから、生涯かけて能を捨てない、自分は一生懸命にやっていくんだということで稽古を励め、というような厳しいことが論じられているのであり、また、第五「奥義讃歎云」の最初の一節には、「そもそも風姿花伝の条々」ということから始まって、

当世、この道の輩《ともがら》を見るに、芸の嗜みは疎かにて非道のみ行じ、たま〳〵当芸に至る時も、ただ一夕の見証、一旦の名利に染みて、源を忘れて流れを失ふ事、道すでに廃る時節かと、これを嘆くのみなり。しかれば道を嗜み芸を重んずる所私なくば、などかその徳を得ざらん。殊さら、この芸、その風を継ぐといへども、自力より出る振舞あれば、語にも及び難し。その風を得て、心より心に伝はる花なれば、風姿花伝と名付く。

とある。つまり『風姿花伝』という名前のいわれも、私なくして徳を得るとか、あるいはこの芸は自力より出る振舞いがあると語にも及びがたい、まことに醜いものになるのであるから、私心を離れて虚なる姿でもって、心から心に伝えていくという花こそ重要である。そういうことであるから、古来の遺風伝統というものを正しく伝えていくということで、『風姿花伝』という名前にしたのだと述べているのである。

世阿弥はこういうすぐれた芸修得への決意を示している。このほかにも芸を修得するとい

う意味は、まことに重大な問題として、この『風姿花伝』のなかにはさまざまなことが論じられている。

この本の最初のところで私は、「芸とは何か」を述べた。そのなかで、芸というものは、たとえば利休、たとえば芭蕉、たとえば雪舟、そういう偉大な人びと、歌舞伎でいえば団十郎とか藤十郎とか、もそうだが、こういうさまざまの偉大な芸術家が到達した〝芸の峰〟がそびえていて、そういう芸には共通して、風雅のまことであるとか、虚実皮膜の間にあるものだとか、つまり実なるものをその生《なま》のままではなく虚なるものとしてアレンジし、しかも実なるもの以上の実をそこに見せる「虚」を創造していく芸の道としての虚実皮膜だとか、これも並たいていのことではないが、それは世阿弥の述べる「花」に当るものだと考えられようが、世阿弥のいう「花」の創造ということ、「花」の修得ということ、それが「芸」の修得ということにあたるわけであるが、そういう意味で「芸を修得する」という問題は、芸道における極めて重大な実践行動なのである。

『名人松助藝談』

したがって、この芸の修得・創造の実践行動は、それが当面の芸だけで終るわけではなく、たとえば能の世界において、たとえば歌舞伎の世界において、いかなる分野の芸の世界においても、その芸はそれのみに終ることではなくして、次から次に発展・展開していかなければならないものであり、かつまた新しい創造活動を呼び起こしていく必要のあるものであるから、一つの芸を修得してそれで終りということはないのである。つまり芸というものはどこまでいっても究極のない到達点のない、極めて高遠であり至遠なる世界である。しかもそれは人間の「わざ」として行じていくものであるから人そのものの精神的な鍛練というものとも並行しながら到達していく芸境というものでもあるわけである。それゆえ、この道は人生修行という意味でもいっそう高遠なるものといわなければならない。つまり、〝芸は一生修行である〟とよくいわれるのであって、邦枝完二が著した『名人松助藝談』という書物には、最初に、松助がつねに「芸は死ぬまで修行」という自らの教えを座右の銘としていたということが書いてあり、この書物の巻頭に「名人」という項があって、そこにおそらく邦枝完二が話しかけたことに対する松助の談話として記されている言葉があり、そのなかに参考になると思われるのがある。それは、

冗談にもお前さん、そんなことを云つちやアいけません。名人なんて云はれるお人は、何芸にだつて、さう滅多にあるもんぢやございませんよ。左様ですとも、千人の中から一人出るのが本当の名人なんで。……浄瑠璃で摂津大掾さん、落語で圓朝さん、こんなお人はみんな名人でした。左様さ、そこが芸の尊いところなんでございませう。

と、松助はいっているのであって、名人松助の名をほしいままにしていたこの名人が、冗談にも自分を名人だなどといってはいけない、という謙虚な姿、これはまことに聞くべきものがあると思うのである。

文五郎芸談

また、文五郎という人形を遣う名人がいたのであるが、この文五郎の芸談のなかにも同じような、芸道は一生が修行である、ということが述べられている。それは「一生が修行」という一節である。それには、

何事によらず人間の仕事といふものは、一段々々の目標がありまして、そこまで来ると、先づこれで一段修行がついた、一ト安心だといふ事になり、何か一つの目論見が出来上れば、これで一仕事出来た、あとは又ゆつくり考へようといふ事にもなつて、一つ楽しみを重ねて行くことが出来るやうでありますが、芸の道ばかりは、なか〳〵然ういふ風に行きません。今日はこれで思つたより能く出来たと思つても、それは決して行き止まりまで来た訳ではなく、まだ其の上にも能く出来て行かねばならぬ筈のものであります。だから芸に身をつつ込んでゐるものは、一生が修行でありまして、どんな時でも安心と油断とがあつてはなりません。私たちの芸の道におきましても、師匠や先輩のえらい芸を見てゐるの

でありますから、尚更、自分の腕がそこまで及ばぬことを恥しく思ふばかりであります。私は舞台に立つて六十年近くもなりますが、まだ只の一度、今日はよかつた、今日こそは満足したと思つた日は一度だつてありません。

と述べている。この名人であった二人の人たちが、松助にしても文五郎にしても、一生修行である、という極めて謙虚な決意を物語っている。このことは一体どういう意味をもっているのかということを、まず最初に考えておく必要があると思う。

芸というものはその究極のない、どこまできわめていっても、その峰に登ったと思えばさらに向うに高くそびえている芸の峰が見えてくる。その峰をきわめたと思うと、またさらにいっそう高い峰がそば立っている、という構造をもったものが芸の世界であって、そういう芸道の世界というものは、一つには従来それが演じられ、あるいはまたつくり上げられ、作曲され、絵に描かれ、といった芸の世界、それを学びとるということ、つまり修行によってそれを学びとるということと、同時にその学びとったものを再創造する、あるいは再演するということでもって、自らの芸を展開していくということ、及びまったく新しい芸の世界を創造していくということ、こういうことがこの芸の修得の内容であって、師匠から教わり学びとったということだけでは、芸の修得にはならない。つまり文五郎にしても松助にしても、その人たちが名人といわれていることの実体のなかには、そしてまた一生修行であるということを自信をもって述べているということのなかには、修行によって学びとるということと同様に、その修行を土台としベースとし、自家薬籠のものとしてさらにそれから新しい芸を創造・展開していくということ、これこそ芸の修得であるという意味をもっていると考えられるのである。

芸の修得の二つの柱

芸の修得ということは、単に師匠から伝承してそれを学びとるということだけではびっこであって、その芸を学びとったものを再び実演し、それをさらに発展させて、新しい世界を開拓し、創造活動をさかんに展開していくことがなければ、ほんとうの芸の修得にはならないという意味をもっているのであって、そういう意味では、伝統というものは絶えず伝承して受け継いでいくことだけではなく、新しい世界を切り開いていくという意味を担っているものこそほんとうの芸の伝統であり、それを修得したという意味になるのである。

芸の修得にはこのように、学びとるという修行の面と、その学びとったものをいかに再創造していくか、まったく新しい芸をつくりだしていくかという、この二つの命題を実践していかなければならないという意味をもっているのである。

芸の修得の問題は右の如く大きく二つの柱が考えられる。つまりいかにして修行し修得していくかという問題と、さらにそれをどのように創造・発展の活動に展開していくかということになるのである。しかも、この芸を修得し学びとるということも極めて膨大な過去の文化遺産があるので、それを修得し自分のものにマスターするということだけでも、これはまことに大きな問題であり、しかもそれを修得する涙ぐましい物語というものは、そういう話を聞くこと自身、小言幸兵衛の話を聞いているような耳の痛いことばかりであることが多い。

したがって、ここに述べようとすることもそういう意味で誤解されて受け取られる可能性を心配するものである。それは小言幸兵衛の小言ではなくて、過去の人びとがどのように自分の芸を獲得していったかという涙ぐましい物語であって、そういう意味では学びとる芸の稽古・修得、そのことはどのような機械化の時代になり大量生産の時代になっても、この芸の道の、体から体に、師匠から弟子に、身をもって伝えていくという、この手仕事文化の理論と実践はどの時代になっても変わることなく、同一の原則で貫かれていくという論理をもっているので、その意味では読者に理解をしていただけるかもしれないと思う。

2　仏道の行

芸の修得には極めて多くの苦心談が従来物語られているところであるが、たとえば仏道の世界などにおいては、長期間ねむることをもしないで難行・苦行をするといったことがしばしば伝えられており、そのような難行・苦行によってはじめて悟道の境に到達していくということがしばしばあったようである。それは難行・苦行をしたからというのではなく、難行・苦行をもいとわず、その人の主体が仏道修行に邁進していたという、強烈な信仰、その宗教的情念の行動であって、難行・苦行という具体的なことをすれば、それで悟りが開けるといったような生易しいものでは実はないのであって、その難行・苦行をもいとわず強烈に仏道修行に主体を燃焼し続けていくということのなかではじめて仏道の悟りという境涯に到達しえたのであって、この点は極めて重要なことといわなければならない。

千日回峰行

私はそのような意味で、昭和五四年一月五日と七日の二度にわたって、NHKテレビで「行」という比叡山千日回峰《せんにちかいほう》の難行の修行を完結した一人の修道僧酒井雄哉阿闍梨《あじゃり》の姿を見て、いたく感銘をうけたのである。これは千日にわたって比叡山の峰から峰へ毎日四〇キロを踏破し二十数ヵ所で礼拝を行う苦行であって、千日間であるので、長年月、そういう行を毎日行じていくのだが、七〇〇日目になると、この行者は九日間絶食をして行を行い、般若心経を唱え、午前二時になると約二〇〇メートル離れたところへ閼伽《あか》の水を汲みに行くのである。この九日間の修行の様子や絶食の姿、水を汲みに行く姿などが映し出されたのだが、この人の姿はまことに生き仏のように見えた。しかもこの僧の体験談が物語られるのを聞いていると、五〇〇回を終わったころに回峰をしていると、猪や、鹿や、野兎などに出あうと今日一日この猪や、鹿や、野兎がぶじに過ごせるかどうか、それだけが気になって、どこかで猟師に撃ちとられたりすることがないであろうか、というような動物たちへの愛情が湧くようになる、という話。あるいは七〇〇回が終わって九日の入堂絶食をするために一年間、うどんと豆腐とじゃがいもだけを食べて三時間しか寝ないという努力をしているその姿。また、そこにこもっていると不動明王と一体となり、やがてこの阿闍梨は、自分は不動様のお陰であり皆さんのお陰であるということを述懐したのだが、それが真実の声として聞こえ、さらに自分が死んだら、谷や山へ焼き捨ててもらって自然にかえり木や草になって雨をたたえ、琵琶湖の水を生じ、それを皆さんに飲んでいただきたい、という心境であると述べた。この酒井阿闍梨の感懐はまことに真実を突くものがあって私はいたく感銘した。

　この高僧はあらゆる私心を捨て去り、すべての動物、すべての人びと、そういう人や動物のみならず草や木にまで自らの命を救済のために捧げようという心境になっていったのであって、そのことを聞いたとき、私心を去るとこれほど人に大きな感銘を与えるものか、ということを、私はいたく感じたのである。仏道の修行は古来、上求菩提《じょうぐぼだい》、下化衆生《げけしゅじょう》という二つの大きな目標が掲げられてきた。どちらが先かといえば、もちろん人を救う下化衆生、衆生済度こそ第一であって、自らの生命を捧げ衆生のため、世の中のため、人のために、あらゆる苦難をしのぎ、自らを捧げて救いのために尽くすというのがたてまえである。われわれはそういうことを知的には理解しているのであるが、この高僧のように自らその救済者そのものになるということは、やはり千日回峰という常人の及ばないはげしい修道の修行によって到達できた聖なる世界であるということができる。

恵の世界

宗教であるとか芸の世界というものは、インテリジェンスの世界ではなくて、人間の知恵の恵の世界であり行動の世界であり、信仰の世界であり、それをもって人のために実際に命を投げ出すことのできる世界というものであるところに、知的世界とは格段に違った境涯になっているのであろうと思うのである。

このような修行は仏道の修行であるが、この高僧自身、人に強要されて行うとか、こうしたらたすかるとかといったようなものではなくて、かなり年をとられた方であったが、その人みずからがこの信仰に突進し、自ら率先してその主体を燃焼していくという情熱のなかから獲得した聖なる境地であり聖なる行動であったということが特色である。つまり人から強要されるとか、どういう功徳があるとかということではなくて、自らがそれを行じ、そして世のため人のため、そしてまたこの多くの植物や動物のため、つまりわれわれ個人以外の全宇宙のために、救済の行動に身をくだいていくというようなこと、これこそ偉大なる宗教の聖なる世界であるということがいえると思う。

3　遊芸の行

芸の道もまた、自らがどのような有名な人になろうとか、お金をもうけようとかということではなくて、芸そのものをまずきわめ、自らのものにするということ、これは宗教の千日回峰の僧の行と同じ構造論理をもった一つの聖なる世界であるということができると思う。

文五郎の芸の修得

さっきの文五郎芸談を読むと、この名人人形遣いの文五郎が修行時代に激しい訓練を受けたことを「謀反ごころ」というところに述べている。文五郎が玉助師匠のところに入門して三、四年目の一八、九歳のころに、師匠が「戻《もど》り駕《かご》」の赤面《あかづら》浪花の次郎作を遣って、次郎作の足を文五郎が遣っていたときのこと、浄瑠璃の文句に「いにしへの――」とひっぱる呼吸《いき》に合わせて、トントントン、トンときまった足数を踏んで、トーンと思い切り突っ張ってきまりをつける所が、どうしてもうまくいかないので、師匠に毎日、大きな文楽の人形のあのゲタでけとばされて、足の先から向うずねやら、そういうところに傷がいっぱいでき、血がにじみ出て、極めて痛くつらくて、とてもこれでは我慢ができない、とうとう自分はその師匠のところを逃げ出してやろうという決意をして、今日こそは、というので、どこから逃げ出そうかと準備まで考えてその役につき、師匠をつき飛ばして逃げようと思ったが、師匠の威厳に圧倒されて、「いにしへの――」まできたときに力いっぱいトントンとやってトーンと踏んだところが、師匠が「うまい！」といってほめてくれた。つまりほんとに命がけで逃げ出そうというほどの決意をして演じたときに、はじめて師匠が「よし！」という許しを与えたという。このことによって文五郎は、人形の世界にほんとうに入りこんで行こうとする糸口をみつけ、それから非常に大きく展開することになっていったのだ、と、「謀反ごころ」というところに述べているのであるが、これは芸の修行というものの一つの典型といっていいと思うのである。つまり、こういうことではとても自分は将来見込みがないという劣等感がさまざまなかたちで起こってくるということ、そこでその劣等感のかたまりのようになって逃げ出そうとする決意をして、いよいよ今日はその最後の日だというので、師匠に挑戦をして、たとえばある俳優が団十郎に舞台で非常にいじめられるので、今日こそはひと突きと突いてやろうと思って突いたところが、その気迫が非常によくて、いい芸だといってほめられたというようなことなどと同じ一つの論理をもっているのであるが、それほどの決意というものをしなければ、舞台芸術の芸の創造、芸の修得ということは不可能だということを思い知ること、これが非常に重要なことである。そしてそれほどの決意・思い知りということが、やがて主体的に非常に大きく前進をする契機となっていくということである。つまり、専門の芸人として立っていくというとき、舞台の芸の創造活動、それをほんとうに観客が感銘して見るかどうかということに対する極めて重要なトレーニングであるということを思い知るわけであって、このようなことはどんなに説明されてもそれで理解できるものでないということは、どれほど耳で聞いても水を泳げないというのと同じであって、やはり自ら主体の燃焼によって獲得する以外にないのである。これは芸の修得という世界における重要な条件である。

このようにして修得した文五郎の芸は、すでに見た人もあるにちがいないが、お園の息遣いであるとか、苦悩のまなこであるとか、その頭の動きであるとか、女体の身のこなしであるとか、あの血の通っていない人形がほんとうに生きた女性以上にもっと真実なるものを表現する妙技を見せたのであって、これこそ実なる人間以上の実が、虚なる人形によって表現されている芸の典型というものであろうと思うのである。このような芸は文五郎の極めて強烈な決意のなかから、師匠・玉助に蹴飛ばされて血をにじませながら修得した芸の世界であるということができる。

松助の芸の修得

『名人松助藝談』のなかにも「下回り苦行」というところがあって、その一節には同様のことが次のように述べられている。

ですから「芸」といふものは教はるものぢやなくて、覚えるものだといふことが、誰の頭にも、おのづと沁み込んで居りました。今時のやうに、立者《たてもの》の舞台を、下廻りが勝手な所に突立つて見てえるなんて事ア、出来たもんぢやありません。手のすいてる役者は、みんな幕りへかしこまつて目《ま》ばたきもしずに見てゐたもんですよ。芝居を覚えるにはかうするより外にねえんですから、どうしようもなかつたんで。……いつも、幕りは一杯でした。

と述べている。つまり、芸というものはおそわるものじゃない、覚えるものだ、ということ。つまり師匠から教えてもらうということ、そういうものではなくて、自らの主体が芸を覚える。手で、足で、目で、息で、体の動きで、呼吸で、芸というものは自ら獲得していくものだ。足の裏の動き、立ったときのかるみの様子、右膝を浮かせるのか、左手を先に出すのか、その微妙な動作のやりとり、動き、それがこの芸というものをつくり上げていく重要な要素であるとか、あるいは息の仕方、台詞のめりはり、いちばん最初が大きく出るのか、最初が休止符であるのか、あるいは一歩さがったところで息を引くのか吐くのか、というような細かなこと、武智鉄二氏は横隔膜の運動というものを極めて微妙な展開の基本として芸は動くんだという論理と実技指導をして、武智歌舞伎を創造した演出の名手だが、名人が名演を演じているそういう細かな芸の妙技を具体的に舞台で演じている姿を自ら見て、それを覚えとる、つまり教えられるのではなくて、自ら覚えとる、ということが大事なことなのである。これを昔は「芸を盗む」といったものであるが、そういう芸を覚えとるために、『名人松助藝談』では、「みんな幕りへかしこまった」と書いているのである。幕りというのはおそらく幕引きの終わりのところ、つまり幕のたまりのところであろうと考えられるが、そこは芸を覚えよう、芸を自らのものにしようとする人たちでいっぱいであったということが書いてあるのである。いまどきの者たちはそうではなくて、勝手なところにつっ立って見ている、というふうに非難しているのである。文五郎の芸談などにもやはり、いまどきの者はまことに芸に対して不熱心である、ということが述べられている。また、これはさっきの世阿弥の『風姿花伝』にも、

当世、この道の輩を見るに、芸の嗜みは疎かにて非道のみ行じ、たま〳〵当芸に至る時も、ただ一夕の見証、一旦の名利に……

というようなことがあって、極めて高度な芸境にまで苦心さんたんして到達した人たちから見ると、そうでない人びとの行動というものが極めて粗略な形に見えるのであろうと思われるのである。これらは小言としていっているのではなくて、芸というものがいかに神聖なものであり、大きな存在であるかということに対することを、身をもって体験し、身をもって意識し、体でもってそれを実践している人びとであるからこそ、はじめてこういう言葉が出

てくるのであろうと、私は思う。

きびしい芸の修行

つまり、ほんとうの素晴しい芸というものは極めて高度なものであって、その高度なる芸に到達してみると、いいかげんな芸でそれが芸であると思っているような芸とはまったく異質の、極めて高度なところにこの芸が存在しているということがわかるのであって、ちょうど山に登るというときに高い山へ登れば登るほどいっそう、高い山がよく見えるというようなことによっても、そのことが類推できる。程度の低いところでこれが芸だと思っているような人、それが、「当世、粗略にばかりしている」というような世阿弥の言葉は、そういう意味であろうと考えられるし、松助や文五郎が「いまどきの者は」と論じているのは、小言ではなくて、極めて高度なる芸域に達したる人の言葉として聞くべきであろうと思う。

昭和一七、八年ごろから歌舞伎その他、伝統芸能の舞台上演、あるいはその創造活動というものが著しく困難な状態になり、戦後またそれが引き続き最悪状態になっていったころ、日本の伝統芸術は、あるいは一面において滅びてしまわなければならない運命にあるのではないかという危機意識が大きく風靡《ふうび》する状態もあって、多くの名人・上手・達人といわれるような人びとに、各方面の人びとが芸の話を聞き、せめてもその談話を記録にして残しておこうというものが、芸談として数多く出版される状況が展開した。そういうときに出たざら紙の芸談を、私はたくさん買い求めてあるのだが、そのような芸談のなかで、どれにも共通したことの一つは、極めて活発な芸の修得の物語・体験談が語られているということである。たとえば先代梅幸の「梅の下風」などもその一つであり、この梅幸が父親の五代目菊五郎からさまざまの芸を訓練されたことを詳しく述べている。皿屋敷のお菊の皿を数える「ひとつ、ふたつ……」の、あの数の数え方の苦心談のごときは、目に見えるような涙物語である。

また、音羽屋の菊五郎の家は「幽霊の芸」を得意としているので、家芸の幽霊、あるいは「色彩間苅豆《いろもようちょっとかりまめ》」の累《かさね》の与右衛門の演技であるとか、さまざまな苦心談が述べられているのであるが、五代目の跡を継いだ六代目菊五郎もまた名人の誉れ高き人であって、この六代目の芸についても、いろいろ涙物語があって、胸を打たれるものがある。それは『おどり』という六代目の書物のなかに書かれている「瀕死の白鳥」というアンナ・パブロワの舞台をながめたときの手記である。

六代目はパブロワが「瀕死の白鳥」を演じたときに、四回も見に行ったそうで、そのパブロワが六代目のところを訪ねてきていろいろな話をしたときに、どこがいちばん感銘したかと聞かれたので、幕切れのところだ、というと、どうして幕切れに感銘したかとたずねると、「あなたはあの瀕死の白鳥が最期になったときに、息をしないでいたであろう。もしあのとき幕が何かの都合でおりてこなかったら、あなたは息を止めたまま舞台で死んだのではないか」という話をしたときに、パブロワと意見が非常に合って感銘し合ったというのである。そしてパブロワが三日間、六代目の家に泊まっていろんな話をしているうちに、パブロワの親指がのびきらないであるのを菊五郎はみつけ、「おまえさん、これは芸のために親指がのびなかったのだな」といったところが、「そうだ」とパブロワはいった。そこで六代目は「自分も足の親指がかくのごとき状態である」といって親指を見せて、二人が「これはどうも踊りだこだな」ということになった、「芸だこ」だという話をした、ということを述べているのである。

しかし、それだけでは六代目の芸だこというものは、芸だけの熱心のゆえにでき上がったものだと、『おどり』の書物では思えるのであり、私もそう思っていたのだが、昭和三六年七月二三日の朝日新聞に渋沢秀雄氏が「六代目点描」という随筆のなかで、この親指の芸だこが実は芸の修行のために片輪になったのだということを聞いたと述べている。それは渋沢氏が昭和二〇年の八月に辻堂の六代目のところを訪ねたときに、そこの応接間で、これが侍で、これはお店者で、これは鳶《とび》の者だといったようないろいろな歩き方を話してくれた後で、円テーブルの上に両足をのせ、右の親指が左足より一センチ半短く、つけ根の関節が外側へくの字なりにとび出しているのを見て、それは一二の年に九代目団十郎から踊りをおそわっていたとき、右膝を折り曲げて右足の踵を尻の下にあてたまま跳躍させた体をずどーんと舞台に落とすところで、ある日、落とし方を誤ったためにこの親指の関節をくじき、思わず「痛い！」と、その場にうずくまってしまった途端に、九代目から、「見物がいたらどうするッ！」という鋭いムチ打ちの声をかけられ、痛さをこらえて踊り続けたためにこの片輪になってしまったのだという話を聞いたと、新聞には載っていたのであって、私はこの新聞の随筆を読んだとき『おどり』のなかに書いてある六代目の芸だことというものがそういう激しい修練・稽古の結果であったかということを知って、驚いたのである。これは現代にもまだよく知られているような話の数々であるが、古い時代には、たとえば博雅三位が蝉丸のところに三年間、秘曲教授を願って毎晩通いつめて、ようやくその秘曲をおそわった物語とか、あるいは遠く足柄山まで秘曲をおそわるために人を追っかけて行った話であるとか、さまざま芸の修得のために身を砕き、そのために自分の生命をすら失ってしまったという物語もあり、また、そのような非業の最期を遂げながらも、まったく人に知られることもなく世を去っていった人も少なからず存在したにちがいないのである。

このように苦心さんたんして芸道修行をし、その道を獲得したという例だけを挙げてきたわけであるが、しかし、芸の修行はそのような苦心さんたんすることのみによって獲得されるというものでもないのであって、うまずたゆまず修練を積んでゆくうちに、ある日、大きな飛躍を遂げるということであって、つまりそれは毎日毎日、練習に練習を積んでいくという、極めて主体的な行動の集積があってはじめて到達できる世界、これが芸の修得の何よりも重要な条件だといえよう。

4　芸の修得と創造

芸というものは、これまで述べてきたように、文字や、あるいは知識で得られるものではない。理解はできるが、しかし、それで自らのものになったのではない。つまり踊りであるとか、泳ぎであるとか、そういう芸は自ら踊ってみて、自ら泳いでみて、初めて水に浮くということ、あるいは踊りの動きが身に覚えられるというものであって、この体の具体的な動き、あるいは科白のメリハリ、そういうようなものは実際に行じてみてはじめて修得することができるのである。その水に浮くということ、川を渡るというようなこと、それができなければ、泳ぎというものは修得したということにならないように、芸というのは、ちょうど川を飛び越すとか、溝を飛び越すとかというようなものであるとも考えられるのである。その踊りの修得は六〇パーセント飛び越したというようなことでは、川の中に落っこちて、命を奪われてしまわざるをえないようなものである。つまり向う岸まで飛び越さなければならない。それが飛び越せるためには、つまり芸が修得できるためには、何年も何年もかかる、あるいは人によってはごく簡単に飛び越せるというように、その人その人によって、具体的な芸の修得ということが決まるのであって、やはりそれは苦心だけをするということによって得られるというようなものでもない。つまり芸の修得は、さまざまの条件というものを乗り越えて、それを体現していかざるをえないものなのである。

普遍的な芸道

しかも芸というものは、いろいろな場において、多くの人々と競い演じ合うとか、あるいは国際的な場に登場して、それを演じてみることによって、海外の人たちに観賞してもらうとかというようなことがないと、その芸の世界にだけ小さくまとまった、井戸の中の蛙というようなものに、ついなりがちになってしまうということを注意しなければならない。これは江戸時代の多くの芸能、あるいは貴族社会のもの、それがそれぞれの文化社会の中に小さくまとまって、排他的な文化社会を構成したような場合、そのような芸道の芸は、きわめて停滞したものに堕してしまって、その土地、その時代に成立し、しかもそれがきわめて典型的な日本の文化として、多くの人の感銘を得るようなものでなくなってしまうというようなこともあるので、この点、注意しなければならない。

天保年間にモリソン号事件があった。このモリソン号は日本の漂流民を乗せて、その人たちを送り届けてきた親切な軍艦であったのだが、たまたま外国船打払令の時期であったので、浦賀から退去を命ぜられ、鹿児島県の山川港に入港した。ところがここでも砲撃をくったのである。しかもその砲撃は、島津藩の砲術師範、鳥居平八・平七兄弟の主導のもとに百数十発、眼下に停泊している山川港の港の中のモリソン号を狙い撃ちにしたのにもかかわらず、一発も命中しないで、やっとそのうちの一発だけがモリソン号の船腹をわずかにかすったというような、ぶざまな結果になり、翌日、風が出てきたので、ゆうゆうとモリソン号は山川港から出航していったというのである。

これは平和な時代における江戸時代の武芸というものが、一度も実戦の体験をもたなかったということによって、かくのごとき恥ずべき結果になったのである。つまり、実戦の武芸というものが、本来武芸としてはその本質的根拠になりうるのに、実戦が全くなかったという二〇〇年余りの平和の時代というものは、このようなぶざまな状態を現出したのである。島津藩では、ただちにこの平八・平七兄弟を、当時ヨーロッパにおいてナポレオン戦争の実戦の結果、非常に発展を遂げた外国砲術書を輸入しこれを翻訳して成立した高島流砲術を修得に長崎に派遣することになつたのである。

このように芸の道を習うということは、その芸の道がほんとに世界的にも通ずるものであり、世界的は大げさにしても、自分のところだけではなく、多くの共感を得る芸であるというためには、やはりそれがひとりよがりであってはならないのであって、万人に感銘を与え、多くの人々の共有の財産という、つまり個の世界であるけれども、それは偉大なる普遍を象徴しているというような芸でなければならない。

〝松のことは松に習え〟

そういう意味で、最後にこの芸を学びとるという問題として重要な問題の一つを論じておく必要があろうと思う。それは芭蕉の芸術論の中に述べられた有名な〝松のことは松に習え、竹のことは竹に習え〟という言葉が象徴している問題である。この言葉は芭蕉の論じた芸術論を弟子たちが書きとめておいた『三冊子』のうちの『赤雙紙《あかそうし》』の有名な不易流行論や風雅の誠のところに論じられているものであって、まずそれを引用することにしたい。

師の思ふ筋に我心をひとつになさずして、私意に師の道をよろこびて、その門を行と心得がほにして、私の道を行事あり。門人よく己を押直すべき所也。松の事は松に習へ、竹の事は竹に習へと、師の詞のありしも、私意をはなれよといふ事也。この習へといふ所をおのがまゝにとりて、終に習はざる也。習へと云は、物に入て、その微の顕て情感るや、句となる所也。たとへ物をあらはに云出ても、そのものより自然に出る情にあらざれば、物と我二ツになりて其情誠にいたらず、私意のなす作意也。唯師の心をわりなくさぐれば、そのいろ香我心の匂ひとなり移る也。詮議せざれば探るに又私意あり。せんぎ穿鑿せむるものは、しばらくも私意にはなるる道あり。ただおこたらず、せんぎ穿鑿すべし。これを専用の事として名を地ごしらへと云。風友の中の名目とす。

とある。つまり〝松のことは松に習え、竹のことは竹に習え〟ということは、私意――私のさかしら心というものを離れよということである。つまり、これは芭蕉という先生の論じたことであるというふうに自分なりに思いこんでしまって、誤ったことを、そう考えているようなことがあると、それ自身、実は芭蕉のいったことではなくて、自分が芭蕉の説だと思い込んでしまっているわけである。そういうことがあるのだ。それははなはだ困ったことであるから、そうではなくて、思い込まないように、間違いなく芭蕉の論じた俳句の道というものを正しく受け取っているかどうかということを、絶えず反省し、窮《きわ》め、窮めしなければならないのだというのである。つまり〝松のことは松に習え、竹のことは竹に習え〟という、松は何が松であるかということを、松は何か、松は何かと窮め、窮めているうちに、実際にそこにはえている松とか、あちらにある松であるとかという、そういう松の中から、松がなんであるかという本当の松、つまり芸道におけるところの虚なる松というものの本質、本性、それこそ本当の松であるというものに行きあたって、それを窮めることができる。竹も本当の竹にめぐり合って、その竹を窮めることができる。それは私心のさかしら心ではなくて、松の本体、竹の本体というものに相見し、お目にかかり、それこそ間違いなき客観的存在そのもの、本性そのもの、それにめぐり会ったということであって、そこに俳諧が、俳句作りが展開してくることだと、芭蕉は述べているのである。

こういう芸の道の修得ということは、師匠から、自分がこう教わったのだというふうに思い込んでしまうということははなはだよくないことであって、何が正しい、何が本当の芸であるのかということの精神、そのものを修得するということ、これはきわめて重要なことである。

〝松のことは松に習え、竹のことは竹に習え〟、このように日本芸道の本質的な問題として説かれてきたことは、早く世阿弥の『風姿花伝』の中にもこれに類したことがある……とは述べたとおりであるが、このように芸の修得においては、私心を離れた本質的な芸の修得ということが、最も重要なことの一つであるといえよう。

徒弟制度と芸の修得

このようにしてわれわれの先祖たちは、多くの芸を身につけたのであるが、江戸時代にはこういう芸の道というものには、それぞれ徒弟制度というものがあって、浮世絵の絵師になるにしても、あるいは染色の工芸家になるにしても、あるいは噺家になるにしても、俳優になるにしても、あらゆる世界に幼少の頃からその家々に住み込んで、そして徒弟として芸を修得するという制度が広く開けていたのである。中には幕府の碁所とか、将棋所の棋士たち、あるいは碁の名人たちを全国からよりすぐってこようとするために、いろいろな情報をもって、少年たちのすぐれた棋士をみつけるというようなことも行われたようであり、それぞれの道における適性の方向を見出して、芸の世界に進んでいくということが行われ、そういう幼児天才教育が、それぞれの職場で行われた。これはいわば早期教育を専門的に受けたということであって、多くの名人が輩出したのはここに大きな理由があったと思われる。これは江戸後期の特色の一つである。それは文化的な生産品が商品として、つまりそれは具体的な金物であるとか、焼き物であるとか、漆塗りであるとか、象牙彫刻であるとかといったようなもののみならず、噺であるとか、手品であるとかといったような無形文化、そのような大衆芸能に至るまでが商品として人々に高い評価を受けるという文化社会が開けてきたのである。こういう意味では徒弟制度による芸道修行・修得という問題は、江戸後期から幕末ならびに江戸に続く明治の二〇年代頃までが、手づくり文化時代としての芸のピークの時代であったということができると考えられるのである。

したがって、そのような手づくりの染め物、たとえば藍染めであるどか、江戸小紋であるとか、伊勢型紙であるとか、その他浮世絵の摺師《すりし》であるとか、彫師であるとか、このような人々の中に、名もなき職人でありながら、そのわざはまことに素晴しい名人がたくさん存在したのである。つまり現代の人間国宝というような高い評価を受けているような立派な名人がいるのである。そういう人々は、今はごくわずかであるが、江戸の後期にはそのような人がはいて捨てるほど存在していたといっていいと思うのである。しかもその人々は、多くの市井の、これも名もなき人々から、こういうものをつくれ、ああいうものをつくれという多種多様の注文を受けた。だからその注文に対していかに創造活動を展開するかということに熱中し、手作りオーダーメイド時代の特色としての名品・神品を製造した。それはまことに独創的個性的であった。だからこそ世界的名声を博するすぐれた作品がたくさん作り出されたのである。それは徒弟制度の芸の修得の中から行われてきたことである。つまり多くの名人が、あらゆる分野の中に輩出してくるという名人氾濫時代が現出したのである。これは江戸後期から明治前半期の特色の一つであろうと思う。

このようにして、芸の修得という問題は、芸術家としての個人というものが非常にすぐれているのか、アルチザンとしての職人、あるいは職人とすらいえないような身分の低い人々、つまり平安時代とか奈良時代の絵を描くことだけ、あるいは写経をすることだけ、あるいは紙をつくることだけ、線を引くことだけ、截金《きりかね》を截《き》ることだけというような、きわめて専門的な芸だけを展開していた時代の芸術作品の成果というものがすぐれているのかというようなことになってくると、なかなかむずかしいことになり、すぐに答えが出るようなことではないとも考えられる。

ただ芸の修得という問題については、この芸一筋に生きて、そのためだけの技芸者という存在が、きわめて高度な作品をつくっていることが多いので、このような人々の截金の仏像の装飾であるとか、あるいは絵の線の見事さであるとか、あるいは織物にも気の遠くなるような手のこんだ織物をつくり上げていることであるとかというような作品がつくられているということ、こういうことも芸の伝承ということが、さまざまな多方面に一人の芸術家が修練をしていくということではなくて、そのことのみに専心していくという専業者の芸の伝承という問題などもあって、この手づくり時代文化の芸の修得は、やがて名人氾濫時代を生むというようなことであったという歴史事実、これもまたわれわれは今日、十分考え直さなければならないことの一つであろうと思うのである。

それは創造活動ということの場合に、特にこの問題が考えられなければならないので、これは芸の創造という問題を考察するところにおいて、ともに考察したいと思う。

それにしても、われわれの文化社会の歴史の中において、芸の伝承という問題、芸の修得という問題、それを学びとるという問題、これはきわめて重要な意味をもっていたのであり、しかもそれはそれぞれの芸の世界における人々が主体の全的な活動ということによって、初めて成し遂げられたものであったので、この点はどのような芸の世界においても共通した現象であったということがいえる。

芸の伝承と創造活動

次に芸の伝承ともう一つの重要な柱である創造活動、この問題は最も重要なことであって、芸を修得するということは、実は創造活動ということこそ重要だと考えていくところに、その生命があるのだとさえいっていいと思うほどである。だからこの問題についても、さまざまな歴史の重要な資料が残っている。たとえば千利休が茶の湯の集大成をし、侘茶の小座敷の茶を創造したということであるとか、あるいは市川団十郎という俳優が、関東民話として大きな力をもっていた曽我五郎・十郎の物語、特に五郎のスーパーマンぶり、超人ぶりというものを独特な舞台の扮装、あるいは行動、あるいは威力の表現法というようなものを発明して、江戸荒事というものを創造していったことであるとか、あるいは中村仲蔵が「忠臣蔵」の定九郎の舞台の衣装ならびにその演技を従来の型から、全く新しく展開し、創造していったことであるとか、また江戸のさまざまな音楽・舞踊劇、このようなものが次から次に新しい作品を創造して大発展を遂げていったというようなことは、芸の世界における日本人の創造活動がいかに活発に展開したかということを物語っているものであり、先ほど述べた多くの人々の注文ということによる手づくり時代の文化が、きわめて活発な多様性の文化を創造していったということなども、注目すべきことであろうと思う。

このオーダーメイドと名人芸ということは、今日のような大量生産時代ではもう想像もつかないことになってしまっているので、そういうことを想像してみるよすがとして、私は一つの例をあげて考えてみようと思う。それは、珍らしい一つの鍔《つば》の話である。刀の鍔のデザインなのだが、五匹の亀が縄で縛られていて、その亀を縛っている縄を蟹が解きほぐそうとしているというデザインが誠に見事なのである。しかし、いったいこれは何を表現しているものかということが、長い間わからなかった。ところがそれを解読した人がある。このデザインは「徳若」という万歳の最初の言葉、徳若に御万歳、ということを表現したものだというのである。亀は万年というので五匹の亀で五万歳、すなわちゴマンザイ、このゴマンザイを縄で縛っていて、それを蟹が解いている、つまりゴマンザイを蟹が解く、だから「解くは蟹」すなわちトクワカニ、つまり縛っている縄を解くのは蟹、そして解かれているのはゴマンザイ、つまりトクワカニゴマンザイ――徳若に御万歳ということになる。このめでたい言葉を鍔のデザインにしろというような注文がおそらくあって、その注文に応えるためにまことに見事で奇抜で奇想天外な作品ができた。おそらく鍔づくりの名人は苦心さんたんして、これをつくり上げたと考えられる。あるいは鍔師自身がめでたいものとして奇抜なデザインをつくり上げたのかもしれないが、私は、注文主がいたからであろうと考えているのである。このような万歳のめでたい言葉というものをデザインとして展開するという発想などは、まことにすぐれたひらめきであるということができよう。

一人の人間の発想とか、考えとか、思いつきとかというものには限りがあって、そういう意味では絶えずこの世の中、大自然、人々の行動、そしてまた多くの人の意見などを聞くことによって、創造活動はきわめて多方面な、すぐれた展開をするものなのである。

小林忠氏の著『鈴木春信』のなかに、「錦絵技法開発の舞台裏」という見出しで、日本の浮世絵の多色摺り錦絵創始の実体を鮮明に論述しているところがある。これはたいへん優れた研究だと思うが、その要点は、天才鈴木春信がはじめて錦絵を創始したのだが、それは、幕臣旗本の大久保巨川という文化人をリーダーとする大小会と呼ばれた絵暦交換会の盛行によるものだ、という点である。

詳細は同書について見られたいが、多くの文化人が、来年の暦を奇抜で新鮮な絵を用いて創作し、その絵暦を競う会を催し、それを大小会といった。大の月、小の月が毎年違っていた江戸時代の暦は、まず大小を知ることが第一であったから、大小会という名も出来た。この文化人のなかで、春信は、リーダーの巨川の指導でまずこの大小会の暦絵に多色摺り錦絵を創り出したのである。

春信の有名な見立絵「座敷八景」の如きは大久保甚四郎巨川の私的な摺物として作られたもので、扇の晴嵐・台子の夜雨・手拭掛の帰帆など、まことに楽しい絵だが、春信とは記してないで、巨川と記している。すべて巨川の発想によるものを春信が描いたというわけである。この会には、歌麿や北斎も出ており、さらに源内とかその高弟森島中良や司馬江漢などの蘭学者たちも出席したということである。おそらくこうした秀れた人たちの影響によって、浮世絵はまるで新しい世界を開拓することができたのであろう。

創造と知的閃き

芸の修得は知能では得られないが、芸の創造には、知的閃きが重要であり、日常における芸への情熱がはげしく燃焼している人たちにとっては、知的閃きは、忽ち造形と色彩になるのである。心眼が開けるのである。鈴木春信の錦絵や、北斎・歌麿らの名品が、このような知識人の影響によるところが多いということは、注目すべきことであろう。

いつでも、どういう場所でも、たえず目を開いて見ていることが必要である。耳をそばだてて聞いていることが必要である。

花柳有洸というすぐれた舞踊家が、「円」というすばらしい舞踊を創った。三越劇場ではじめてこれを見た時、大きな感動をうけた。こういうすばらしい舞踊がどうしてこんな若い女性によって創られたのであろうか、と、私はそれが不審でならなかった。

その後有洸さんから直接「円」の創作きっかけは般若心経だが、それは、山科の一燈園で西田天香さんたちが朝早くおあげになっていた時の般若心経だったということをきいた。有洸さんはすぐれた作品を沢山創った人だが、若くして亡くなられた。

亡くなったあと、追善の『花柳有洸』という美しい本が作られ、それに有洸さんの書いたものが集録された。その中の「円の創作意図について」と、「創作舞踊雑話」というのと、二つの文章に、この「円」のことが詳しく記されている。耳に聞えてくる心経が「踊り」になっていくプロセスがよくわかる。雑話の「円」の部分を引用してみよう。

そうこうしているうちに、お仕事に一生懸命になっていると、気持も何だか直線的になり、女らしい丸味がだんだん稀薄になってくるような気持がして参りましたとき一燈園の西田天香さんから、山科に遊びにくるようにというお誘いをいただき、二、三の弟子を連れて一晩泊めていただいたことがあります。翌朝ふと目をさますと、本堂からお経が聞えて参ります。皆さんは五時からお勤めがあって、般若心経をおあげになっており、いろいろお話があって、最後にまた般若心経をおあげになりながら、めいめいの働く場所に行列してお帰りになる。その時の読経の声は、今まで聞いたことのないような、きれいな音楽に感じ、自分の直線的なものに対して、あちらの教えの丸やかな、おだやかさというものが、ひしひしと身に迫るような感銘をうけました。それで、歌詞は座禅和讃から、円・寂・光という言葉を選び、これを小鼓だけの伴奏で男性コーラスで歌ってもらい、黒一色の着付で坊主姿にあじろ笠をもった五人の踊りにしました。

とある。「円」の創作意図がよくわかる。有洸さんの「円」は、一燈園に泊った翌朝、本堂での心経の声楽を聞いた時に閃いたその閃めきが踊りになったものである。

しかも、この踊りは、その閃きを踊りにするために、いろんな苦心が集約されている。そのことを「円の創作意図について」、のなかに詳しく記している。これによると、能や歌舞伎の技法、バレエのダイナミズムなどに大きく影響されてきた有洸の踊りが鋭角的な美しさを強調していると評されていた頃、それを超克する情熱に燃えていた有洸さんは、ここで鋭角的な線から「円」でそれを蟬脱《せんだつ》し、大きな飛躍をしたということがよくわかる。

これも、能や歌舞伎や、バレエなどの影響、ウエスト・サイド物語の影響などを敏感に受け留め、それを超克しようとする情熱に燃えていたからである。「創作舞踊雑話」のなかには、こういう創作のことがたくさん書いてあり、「現代の騒音」という踊りが作りたいとも記している。

この「円」を見ていたく感動し、自分もあのような踊りを創りたいと思ったという花柳千代さんも同じように、いろいろすぐれた踊りをたくさん創作しているが、ある時、売り出されたばかりの中能島欣一氏の「鐘によせる幻想」というレコードを聞いて、「久遠」という名作を創ることになったという。

この「久遠」も「円」と同じように、たいへん評判になった踊りで、そのためいろんな賞を与えられたものだが、法隆寺の梵鐘《ぼんしょう》のひびきを箏曲としたその曲を聞いていて、千代さんは悠久なる永遠と、忽ち消えてゆく諸行無常との移ろいを、美しい日本舞踊にした。私はこの時も、見事だと思った。千代さんにはこのほか「鬼来迎」という名作をはじめ、たくさんいい作がある。

私は花柳流の二人の名手の創作活動について述べたが、創るということは、このように、いつでも、どこでも、自分が創ることのいろいろな問題と取り組んで、そのために火の玉のようになって燃えていないと、いいものが生れてこない。閃いてこない。

六代目菊五郎の芸

そのことで思い出すのは六代目のことである。六代目菊五郎の『芸』という書物を読むと、この人がいかに舞台の芸の創造に苦心をしていたかということがよくわかる。いくつもその話が載っているが、次の話などはたいへん興味深い。

「按摩に教わる」という題になっている。六代目は、「今度は六歌仙の文屋の踊りのことです。これは私が按摩から伝授を受けたというちょっと面白い話ですから聞いてください」という書きだしで述べているのだが、〽衛士の焚く火は沢辺の蛍というところで、目で蛍を追っかけて演技をして、十分間に合っていた江戸時代の劇場が、三〇〇〇人も入る歌舞伎座の舞台の三階席の上のほうには、それではわからないということになって、六代目は按摩をとらせながら、ああ、こりゃ目のおきどころが悪いという独り言をいったら、その目の不自由な按摩さんは、そんなことをいっちゃいけませんよと、自分の目のことだと思って、いろいろ話になった。そうすると、いやあこれは「六歌仙」のおれの舞台でやっている芸のことを考えていたので、〝衛士の焚く火は沢辺の蛍〟、その蛍を追う目が、位置がいけないといったのだということから、按摩さんといろいろ話になって、そしてその按摩さんに、そんなことならば指の先を目にしたらいいということを悟らされて、翌日から指の先を目にして、実際の自分の目でない、つまり手の動きで沢辺の蛍の光を演じてみせるという芸を開発したという話である。

　つまり六代目菊五郎という人は、そういう時にも舞台の芸というものを、絶えず考え、考えして、その創造活動に終始していたということがいえるのであり、しかも芸のことにはほとんど関係のない按摩さんにまで、謙虚な気持ちで教わるというようなことの中から、あの偉大な名人、六代目の芸が生れてきたという話は、まことに興味深い物語だといえよう。

六代目の『芸』という書物を読んでみると、そのようなことが至るところに書かれている。

私は東京に出てきてから後の六代目の芝居はほとんどすべて見た。時には一幕見で三度も見たことがある。名演のなかでも松王丸の「首実検」の場であるとか、「暗闇の丑松」であるとか、あるいは「一本刀土俵入」の関取の姿であるとか、保名《やすな》・高尾懺悔・耳無し芳一など今も名人六代目の演技が目に浮かぶようである。

宮本武蔵の創造精神

そういう名演というものは、六代目自身の芸というものを創造していくという、きわめて強烈な創造精神と実践の中から展開してきたものであると考えられるのであって、兵法『五輪書』において、宮本武蔵は最初のほうに、六十余度勝ったということに対する反省を述べているところがあるのだが、そこには自分は三〇を越えてからこのことを反省してみると、といって次のように述べているところがある。「兵法至極してかつにはあらず、をのづから道の器用有りて、天理をはなれざる故か、または他流の兵法、不足ある所にや。其後なをもふかき道理を得んと、朝鍛夕練《せきれん》してみれば、をのづから兵法の道にあふこと、我五十歳の比也。其より以来は、尋入るべき道なくして、光陰を送る。兵法の利にまかせて、諸芸諸能の道となせば、万事におゐて我に師匠なし」といい切っている。

宮本武蔵は六十余度、真剣勝負をして打ち勝ったのであるけれども、その時に、これは兵法における至極の道に至ったから勝ったというのではなくて、他流の兵法が不足であったのかもしれないし、また自分の道の器用があって天理を離れなかったために、たまたま勝ったということなのだろう。ということでその後、朝鍛夕練したというのである。このすぐれた武芸者が毎日毎日、剣法を窮め、窮めして、そして五〇歳の頃にようやく兵法の道にあうようになったと告白しているのである。つまりこれは、宮本武蔵が誰かから学びとったということももちろんであるが、そのことを離れて、そして自分で窮め、窮めてこれをわがものにしたという、きわめて真剣な鍛練というものを繰り返しているということによって到達することができた、剣の芸の道であるということがいえると思う。

剣を使うということを、『五輪書』の中にも述べているように、あるいはまたいろんな条目として述べているように、自らの剣そのものが一つの芸の体系をととのえてくるというような形にまで大成しうるということは、つまり修得したものを一つのすぐれた古典として、多くの人に感銘を与えるような文化としてこれを創造をしているわけであって、それはなみなみならぬことである。この本の最初に、芸とは何かということを考えるにあたって「雪」のことであるとか、その他いくつかの芸の例話をあげたが、こういう芸をつくり上げるということについても、それぞれのすぐれた人々が苦心惨憺してその芸をつくり上げていったのであって、そのような意味において芸を創造するということはきわめて重要なことであり、またそれなくしては修得の意味にならないということ、つまり師匠から受け継いだということだけでは、師匠の名を高からしめるということもできないし、文化に重要な寄与をするということもできないのであって、これはすべての日本のすぐれた芸人、あるいは芸術家という人々は、そこにさまざまな姿でその人独自の芸の創造ということをきわめて見事に成し遂げていったのである。

芸道における飛躍

以上述べたことは、芸を創造するために、朝夕たゆまず没頭しているというような形ででてきたようにも受け取れるのであるが、しかし、芸というものはきわめて困難なものであって、しかもそれはまことに微妙なものでもあるので、美というものをつくり上げるということは至難のわざなのであるから、時間をかけて努力をして、窮め窮めておれば、それが非常にすぐれた芸になるかというと、決してそのためにだけできるということはないのである。むしろそういう努力を窮め、窮めているうちに、一つの難関に突き当たってしまう。そうしてどうすることもできないと思ってあきらめているような時に、その大きな努力は何かの契機で、きわめて大きな飛躍を遂げて、見事な芸をつくり上げるというようなこともあるのであり、生涯飛躍をとげえないで、埋もれたまま終ったという人もある。この埋もれたまま終った人のほうが、おそらくはるかに多いであろう。そういうなかで、ある日飛躍をとげたという話はいくつもある。たとえば『役者論語』という書物の中に、坂田藤十郎の芸談として述べられている話などはその一つであろう。

坂田藤十郎の名人芸の一つに、台詞をきわめて自然に舞台の上で述べるような名人芸がどうしてできるのかと聞かれた時に、自分は稽古を一生懸命して、そしてどんなスキもないように稽古を仕上げるのだが、そのことを前の日まで一生懸命にするが、そのあとはすっかり忘れて、そして舞台に出て演じるのだということを述べたという一節がある。つまり芸というものの創造は、努力、努力の集積を重ねていって、そしてそれにこだわってしまわない、そこから解放された自由な世界というものに遊ぶ、そういう中で大きくひらめき、結晶してくるというようなことがあるようである。

こういうことは、今、論理として述べているのだが、われわれの知識の世界ではなく、体の、あるいは感覚の世界というものは、それが発見するという、つまり体の動きが、あるいは感覚の感じ方が、それを芸として、自らのものとして発見するということがなければ芸になりえない。その発見がいつできるかということは、努め努め、努力、努力をしてばかりいるということの中でできるのか、努力を積み重ね積み重ねして、そしてそういう努力を忘れてしまっているような時にできるのか、そういうことは全く不定であって、努力の最中にひらめき、結晶することもあれば、またそのようなものから解放された時に結晶することもある。また木曽の御嶽の山の上に登って行者が大きく礼拝をしている姿を見て、鹿児島寿蔵氏は「円《まど》か」というすぐれた人形のデザインを発見したというように、しかもそれは長塚節の歌を、五〇年来、いかなる人形にしようかと思って、窮め窮めていた、そういう長い努力の結果、たまたまそれは木曽の御嶽山の山の上で見た行者の礼拝の姿に、崇高な造型が誕生したというようなこともあるのである。

遠い万葉の歌の世界に出会った時に、ハッとその歌の中から見事なデザインを思いつくとか、あるいは歌舞伎の演技の秘密を、その歌の中から感得するとか、また時雨《しぐれ》が降っている、その雨の足の動きの中から、さまざまな芸のひらめきが感じられるといったようなことはしばしばあることである。また友禅模様のすぐれた色彩感というものを、枝の先にたまっている雨のしずくに、光かがやく朝日のかがやきで、その色彩の霊感を得たという名人芸の話であるとか、芸を創造するということは、一つのパターンがあるということではなくて、それぞれ、その人のある時、ある事によって多くの、長い努力の集積の結果、見事なひらめきとしてそこに展開してくることである。そのひらめきは曖昧模糊《あいまいもこ》としたものではなく、きわめて明確な形をもって、そこにくっきりと芸として、実なる世界のものが虚なる実として見事に結晶してくるのである。

こういう感じ方、ひらめきというものは、いつ到来するかもわからない。池大雅《いけのたいが》という文人画の大家は、そのような絵の創造の世界を感得するために、日本の全国の名山を跋渉《ばっしょう》したといわれているのは、自分の絵の創造をいかに成し遂げていくかという情熱によってのことである。

芭蕉の『奥の細道』の旅というのも、窮極は芭蕉の芸術そのものをいかに創造していくかということの確証として行われたものと考えられるのであって、これはいうまでもないことである。

芸の創造

いずれにしても芸の修得ということは、きわめてすぐれた芸の創造ということにつながっていくということにおいて完結するわけだが、それはいずれもなにものかを頼むとか、なにものかによるとかということではなくて、その人の個人の燃えさかる情熱というものの主体性において成立してくる問題であって、それは個人のものであるけれども、その個人の感得し、つくり、創造したものというのは、ある時代の、ある時の、ある場所の局限されたものとしてできてくることは、例外なくすべて同じであるが、しかし、つくり上げられたものは、やがてそれが典型的な創造であるならば、日本の多くの人の感銘をよび、またナショナルな日本の文化の典型になるようなものは、やがてそれがインターナショナルな、国際的な評価をされうることにもつながっていくものである。芸という文化はそのような構造をもっているものである。

したがって本当に芸を学び、芸を創造するという人々は、これまでに成し遂げられた多くの人の作品というものを見た場合に、その人がどのような苦心をしたのであるか、そしてまたどのように創造をしていったものであるかということの敏感な観賞が逆にできるということもあるのであって、すぐれた作品を見て、その作品の価値を感得することができないとか、あるいはすぐれた音楽を聴いて、その音楽のもつ価値を聴きとることができないというようなことは、その芸を探究している方向が間違っているか、あるいはまだその人の修得の能力、あるいは創造への情熱の度合というものが薄い、足りないということによることが多いと思うのである。

私たちの人生においては、物がつまらないとか、あれはよくないとかという評価を簡単にすべきではなくて、それがつまらないというのはなぜつまらないのか、これはいいというが、なぜいいのかということの根源的なものを自分の目で、自分の感覚で確かめ、論証しなければならないのであって、そういう筋道がよくわからない場合には、自らにそれを理解、展開していく能力を反省し、問い直すべきであるということが、この芸を修得し、創造していくという条件の中に生きていくための重要な一つの心がけであろうと思う。

人間は誰でも自分を過小評価するよりは、過大評価をする人が多いのではないかと思うが、しかし、物事はどんなものでも注意深く観賞していけば、わからないことばかりであって、いかにわからないかということがわかるということが、そのことにいく分でも通じたということになると、私は考えている。いかにこれはあるのかということを絶えず問い続け、問い続けするところに、芸を修得していく、情熱を燃やしていく、大きな展開をしていくことができるのであろうと思う。つまりわれわれの行動というものは、わからないことばかりであるということが、そのことをわかろうとする情熱をよびさましてくるのであって、その疑問というものを、いくつもいくつもかみくだき、かみくだきしていく間に修得され、かつ新しい文化を創造していくということができるのであろうと私は思う。

芸の創造は、そのように日々問いただし、日々新たに展開して、つくり上げていかなければならないものであって、少しでも停滞することは許されないのである。そのように日々努力をし、窮め窮めて、しかもなお到達することのできない世界、創造することも難しい世界、そういうものが芸の厳しい世界であるということができよう。

最後にこのような話をもってとどめとしたい。いつか野間清六氏が東京新聞に大観の肖像のことを書いたことがある。そこで氏は「横山大観の肖像はたくさんあるけれども、大観その人はそういう肖像画の中にはどこにもいない。むしろ大観が自分で描いた〝屈原〟などに大観その人がいる」と、書いていた。多くの大観の肖像画は当時の第一流の画家がたくさん描き残しているのであるが、そういう大観の肖像画の中には大観がいないという。これはまことに厳しい言葉であって、味わうべきことであろうと思う。

第五章　至芸の境

1　守・破・離

六代目菊五郎の境地

芸の世界は、上述のように、それを本当に修得すること、さらに芸を創造すること、という、どちらの場合も、それはきわめてきびしい世界であり、その道程は、まことにけわしいものである。

それだから、その芸に到り得て、芸に遊び、至芸の境に日々好日を送るなどということは、とてもむずかしいことであり、大抵の人は不可能なことである。余程の実力がある人でも、なかなかありえないことである。

六代目菊五郎という人は、生前から名人といわれた人で、その評価の高い人であった。ところが、その六代目菊五郎ですら、そういう心境に到達しえなかったということを告白している。それは、六代目菊五郎の著書『おどり』の序文に、そのことが書いてある。

昭和二三年秋、尾上菊五郎として、「〝まだ足らぬ、踊りおどりて、あの世まで〟僕の辞世の句です。そんなことからこの本に『おどり』という題をとった。僕は三つの時から習い始めて、今年六十四まで踊っているのだから、僕の生涯のことすべてが踊りだといっていい。だから僕は人生のことすべて踊りに関連して考える癖がついている。踊りの中に人生があり、人生は踊りだといいうると思うのです」とあり、またその終わりのほうに、「人間の願望にこれでいいという満足の境地がないように、僕の踊りにも満足がない。今日の踊りは今日で、明日になれば過去のものになる。僕は過去を追うのが嫌いだ。明日から明日へと未来を夢見る。そして明日はもっとよい踊りを踊ってみたいと念じているのだ。今日に満足できない僕は、また明日にも満足ができないであろう。そして僕は一生、踊って棺桶に入る日まででも満足しないかもしれない」と結んでいる。またこの本の最終のところが、師匠であった団十郎の夢を見るところで終わっているのである。それは「この間、三日も続けておじさんにぶん殴られた夢を見た」と。おじさんというのは団十郎と書いて、それにルビがふってある。「それが吹きさらしの庭にある廊下を渡っているところで、僕が歩いていると、向うから団十郎が歩いてきて、すれ違いに〝気をつけろ〟といって、いきなりひっぱたかれた。それが新聞紙をまるめたやつなんです。あくる晩もそうなんです。次の日も同じなんですよ。団十郎は大島の羽織を着て、へこ帯を締めているんだ」と書いてある。

つまり六代目菊五郎のような名人でさえ、踊りがこれでよかったと考えたことのない世界、それが芸の世界というもので、しかもまだまだ足りないから、踊って踊ってあの世まで、未来永劫に踊り続けていこうというのが、辞世の句として詠んだものであり、それはおそらく辞世の句であるけれど、六代目自身の座右の銘としていたのであろうと考えられるのであって、そのような厳しい芸の世界というもの、それは日々、窮め窮めて進展していく世界であるから満足であり、これが至芸の境で自分であるのだといったような満足感というものは、おそらくないものであろうと思われる。したがって、この至芸の境ということを論じることは無意味かもしれない。

それにもかかわらず、これを論じたいと思うことは、芸の世界における至芸というか、まことに至り尽くした世界と思われるような踊りを踊り、またさまざまの絵を描き、すぐれた芸をたくさん残している名画・名演・名音楽、そういうものが評判として残されているからである。つまり六代目菊五郎自身は、自らの芸を未来永劫に到達点のない厳しい世界と考えているのであるが、しかし、その踊りが見る人たちの目には、まことに至芸であると見える世界がいくつもあったわけであって、たとえば「茨木」の舞台にしても、あるいは「暗闇の丑松」にしても、私たちはこの六代目の至芸をなお今日も思い浮かべることができるのであり、多くの文献は、そのようなすぐれた芸の記録をとどめているのである。

至芸の人々

そのような意味で考えてみると、高度な世界に芸の究極点とも考えられるような至芸の境に到達している人たちの姿というもの、有様というもの、創造の実態というもの、それがどのようなものであるのかということを考えてみることも、また必要であろうと思われる。これは実態ではないが、おそらく夏目漱石が至芸の境とはこういうものであろうということを書いた一つが『夢十夜』で護国寺の門で運慶が仁王を彫っているという夢の話である。これは運慶が仁王さんを彫っているというので行ってみたところが、もうのみの使い方がまるで乱暴であって、彫るというよりは木の中に埋まっている仁王さんを、周りのいらないものを取り除いて、彫りだしているように見えたということが書いてあり、そしてそれが一つ一つ、きわめて確かな形で、鼻ができたり、目ができたりしていくというようなところを書いて、感嘆きわまりない状態で自分の家へ帰って、裏にある大きな木を彫りだしてみたが、自分のうちの木には仁王は埋まっていなかったというようなことで終わっているのである。この運慶の仁王を彫っている夢の話というのは、つまり運慶という彫刻家が、至芸のありさまを見せているところとして、まことに興味深い漱石の創作だということができる。

なんらの疑いなく、そこに造型の確かな腕のふるい場というものを実践している姿、これはその芸における最もすぐれた到達点における自由自在なる芸の妙境といったものと考えられるのである。そのようにいささかもためらうことなく、確実に信念・自信・芸そのものという形になって、停滞することなく流れていく、きわめて自然なるものであり、当然なるものであり、しかもそれが実なるものでない、虚という姿の中に展開している実というものであるところに、芸の妙境の必然というものがあると思う。すなわちこれは彫刻であれ、絵であれ、踊りであれ、話芸であれ、すべてのものに共通することであって、いささかもためらいがあっては、それは至芸ということにはならない。

そのためらいをなくするために、藤十郎はわざわざ、一生懸命稽古してきた台詞も何もかも忘れてしまって、そして舞台に立つ。それはそこに芸そのものが現前してくるという条件を設定することになったわけであって、流れはよどみなく、停滞することなく展開していく。最も洗練された芸そのものということになるためには、藤十郎のような苦労が必要であったといえよう。

芭蕉が『奥の細道』の旅に出かけていったということは、もう晩年のことといえるが、これは芭蕉の俳句の芸の境、その最も高度な軽みの世界というものの実践を現実の中に確かめようとすること、また彼が『去来抄』、『赤雙紙』その他多くの弟子への手紙などの中に、繰り返し繰り返し述べた〝不易流行〟の芸術論、そういう持論というものを自らのものとして、確かな俳句の文学生活というものを、この『奥の細道』の旅の中に実践するということを試みたものであると考えられる。長途のこの旅は、至るところでまことに苦難な日を過ごすことになるのである。しかもその苦難の旅というものを通じて、そこに俳句の芸道を実践し続けていったのであって、芭蕉の芸道実践というものは、きわめて高度な芸術の実践そのものであった。この境は、いわば芭蕉という俳人が俳句を詠むという芸の最もすぐれた境地に、遊びながら旅行くことを続けたもので、『奥の細道』は芭蕉の芸道実践そのものであったと考えられるのである。その意味では苦難の旅であったが、実は至芸の境に遊びつつ過した日々であったということもいえるであろう。

もちろん芭蕉自身は、今、自分は至芸の境に遊んでいるなどという傲慢な気持ちをいだいたことは寸毫《すんごう》もなかったということはいうまでもないことであって、先ほど来述べているごとく、自ら至芸の境に達したなどという傲慢な人ではなかったといえよう。

そういう中にあっても、ああ、今にして思えば、あの時はひょっとしたら満足すべき芸を演じたのではなかったかというようなことを書きとめたものはないわけではない。それは江戸中期から後期にかけての川上不白という表千家の七代目如心斎の高弟であったすぐれた茶人の記録の中に見出すことができる。川上不白は紀州の新宮・水野家の家臣であった。この川上家は新宮の大町人で、その不白のおじにあたる吉田家というのが材木商の豪商であり、町人出身の藩士であったのだが、不白は京都の千家の七代目如心斎のもとに入門して、長年月、京都でお茶の修練を積み、その如心斎のもとで重要な役割を果たすような高弟にまでなって、江戸に下り、江戸で千家のお茶を広め、以後、宝暦から文化の初年に至るまで、ほぼ五〇年間の活動をした人である。

『不白筆記』

　この不白はいろいろなものを書き残しているのであるが、そのうち重要な著書として、『不白筆記』といわれるものが伝わっている。この『不白筆記』自筆本の中に書かれている一節を読むと、芸の修行のことについて、きわめて重要な理論と実践の方法を論じているのであるが、特に〝守・破・離〟の論理というものが注目すべきものだと思う。この〝守・破・離〟というのは、『不白筆記』の中には、

一、守破離と申三字ハ軍法の習ニ在リ。守はマモル。破はヤフル。離ははなる、と申候。弟子に教ルハ此守と申所斗也。弟子守ヲ習熟し能成候へば自然と自身よりヤブル。是ハまへに云己が物ニ成りたるが故也。上手の段也。扨守ニテモ片輪、破ニテモ片輪。此上二ツヲ離レテめい人の位也。前の二つを合して離れて、しかも二ツヲ守ル事也。此守は初ノ守ト八違也。初ノ守ト今此守ト如何。此一段ハ誠ニ一大事の教也。工夫有へし

とある。つまり先生から教えられたということは守る、修得したという段階である。破というのはその教えられたところから、さらに展開して、新しく工夫・発展して、創造をしていくという段階である。この教えられたことを修得したということ、およびそれを展開して、

創造したということ、この二つだけではまだだめである。その二つを通り越して、そして自由自在になるという。しかもその自由自在になったところで、教わったことや、創造することという論理・芸の筋道・法則といったようなものをはずれていないというようなものが離の世界だと。この離の世界までいかなければ、茶道の道をおさめたということには本当にはならないというのが〝守・破・離〟の論理として、これは兵法・軍法の世界のことでいわれている教えだが、聞くべきものとして取り上げて述べているのである。不白は『不白筆記』の中で至るところにこの離の境、つまり私がここに述べようとする至芸の境というものがどういうものであるかということを述べているのである。たとえば、次の一節などはそのことを述べたものである。

吉キト云ハれテモ悪し、悪キト云ハれ候へハ猶悪し。善悪人ニ見らるゝハ、未至らぬ所也。又下手ニよきといわれても辱《はじ》也。誠ハよいとも悪敷トモ人ノ目ニかゝらぬがよき也。依テくせ在り、拍子有リ見事成ルハ悪し。いつれも人の目ニ掛ル所也。目ヲクラマス程ノめい人ハ別ノ事ナシ。我躰生レナカラニシテ、ひずまず、くせなく、拍子なく、只有躰ノ真ヲ以テ点《たてる》也。主ト成賓ト成リ、主落ナラ客より引取リ、客落ナラ主よりタスケ、程能くいつとなく済也。此時我ト人トナシとある。主客一如、共にただ茶の湯になり切って、すらすらと、無為自然のような、きわめて流暢な、茶の営みが進行していくこと、これがすばらしいものだといっている。よいとか、悪いとか、そういう相対的な善悪批判に止まっているような世界を超脱して、主客一如の妙境に遊び、いつとなく終るようなことをよいとしているのである。これなどは、至芸の境である。こういう境は、集団芸術としての茶道などでは一人では演じることができない。主と客とが互いに一体となって演じるところに現前するものである。

不白はさらに、茶をたてる手前は、つやの抜けたのがよい、それは見る所がないからよろしいのである。人に見せようとか、私が上手だということを人に感心させようなどという心ばえがあるとだめである。名聞《みょうもん》ということ、今流にいうと有名になって高い評価をうるということ、これを捨てなければいい茶にはならない。これが肝要だともいっている。こういうことを、たびたび、繰返し述べているのである。守・破・離の離の境を論じているわけである。

そういうなかで、体験談として自分も一度だけ、そういう茶を経験したとして、『不白筆記』のなかに、次のように記している。具体的に書いているので、少し長いが引用しておこう。

或時殊之外ヲソク風炉名残有り。予御呼被レ成候。此時の茶之湯、何の事なく茶の湯一通り也。何と致候事ニ候哉、面白キともなく只心能して主客トモ平常のことし。後の薄茶済ても咄居、茶の湯と申事も不㆑知。師云、雪又茶ヲ点候へ、又一ふく可㆑呑。予又薄茶ヲ立候。御咄申てすでニ暮々ニ至る。依之御礼ヲ申、路次へ出ル。師も又やがてつゝいて御出被㆑成候。塁石半過て予立帰り、折節紅葉の一本能染て見事也。師ト共ニ是ヲ見事又少し御咄申候て御暇乞ヲ致罷出申候。其夜師ト此茶の湯論ルニ只能出来たと斗申御笑ひ被㆑成候。久しくシテ予茶道ヲ論ルニ、上手ト云モ辱《はじ》、下手と云ハ猶辱、只何ともなきがよしと云論ヲ出してより、つく〲此茶の湯の事ヲ思ひ出ス。誠能本意ニ叶タル事ハ、一生是一ツのみ不覚。

とある。この不白の告白にあるように、茶道の本質が何であるかを考えたり、文章に書いておこうというようになってから、来し方もふりかえって反省してみた時に、あの時の茶の湯が、守・破・離の離の境の茶であったのだと意識したわけである。その時には、そのことがわからないままに、只何となく過ぎてしまっていたのである。それほど法爾《ほうに》自《じ》然《ねん》の茶になっていたのである。

それは、どの位後のことであるかわからないが、あの時かくあったのだと如実に目に浮んできているのである。この話は、「風炉の名残ノ節」という見出しで記されているのだが、その時のことが、詳しく記されている。何ということもないごく自然の行状が至高のものでありえたのだということとは、その至高の行状をありありと思い返すことができたからである。芸に精進している人のすごさというものははるか昔のことを、今演じたかの如く具体的に、鮮明に記憶しているということから、私は、しばしばそう思うのである。

碁や将棋の名人達が、あの時の手合せは、こうでしたと、最初から終りまでの手順を全部思い出すことができるのには驚く。不白も、この至芸の境に遊んだ茶の湯を詳しく鮮明に書いているが、このことを書く前段に、「風炉の名残」のことを書いているのだが、それも、師の如心斎と共に、二人だけで演じた、不審庵、つまり、京都の表千家の茶室で演じた茶の湯のことを、今演じたばかりのように、くわしく書きとめている。如心斎に一人だけ呼ばれたこと、この時の花入れのこと、花所望のことについて、たいへん面白いことを行じている。その場での打てばひびく二人の至芸の境のように見える。だからこそ、鮮明な記憶として不白の脳裡から消え去ることはなかったのであろう。これも記しておくことにしよう。

風炉ノ名残ノ節、師一客ニテ、予不審庵ニテ茶の湯致ス。此時後座舟の花入ニテ花所望致申候。師むくげヲ一ツ入テ、其元モ花被レ致候へと被レ仰候。依て此花ヲ揚ケ、白キ萩ヲ入ル。師又初ノむくげヲ入添ル。依レ之水ヲ乞ウ。夫《それ》より例之通茶有り。御立被レ成候時、扇子ヲ開キ床ニ置、花御揚ケ被レ成候。予花ヲ取て、如レ前生ケ、扇子ヲ持参して御礼申上候。此扇子ハ宗全なとも致候事在りと被レ仰候というのである、まことに鮮明である。こういう行状は、二百余年前の京都の表千家の宗匠如心斎天然とその高弟川上不白との、その場、その場で、機に応じ変に臨んでの創造活動で、それがいかにも流暢に展開していることをよく伝えている。至芸の境というものであろう。

至芸の境は未踏の世界

こういう至芸の境というものは、あの時が一生のうちで一度だけ、そうだったのかと思い出すような、そういうたいへんなものである。たいへんなもの、というのは、誤解してうけとられる心配があるので、一言しておきたいと思う。この場合の至高の境は、善悪、好悪などすべての差別を超越し、ただ一筋に、たんたんたる茶の湯だけになっている、という、そういうことで、心境や芸境がきわめて高度なところに至らないと、こうはできない。そういう意味で、たいへんだといったのである。

こういうことであるから、おそらく芸道においては至芸の境にいると思っているような人はないのであろうと思う。だからこそ、至芸の境はたいへんなことなのである。

この至芸の境というのは、あくまで憧れの世界であり、夢に描く世界であり、到達したいと願う世界であり、その至芸の世界は芸に上達すればするほど、ちょうど高い山に登っていくように、一つの山をきわめれば、次の山が高くそびえ、その山をきわめれば、さらに向うに高くそびえている高峰がよく見えてくるような状況で、行けども行けどもこれを踏み越えることのできない未踏の世界であるというのが真実である。しかし、その境というものがどういうものであろうかということを考えてみると、それは、たとえば運慶の仁王をつくることを夢として見た夏目漱石の『夢十夜』の物語であるとか、あるいは中島敦の小説『名人伝』の中に書かれた、紀昌という弓の名人の最後の、弓の至芸の境に到達した物語のところなどであろうと思う。

対立概念を超えた絶対の世界

中島敦の『名人伝』は、紀昌が師匠である飛衛から甘蠅《かんよう》老師という人のところに行って修行をするようにすすめられ、太行の嶮に登って、甘蠅老師のもとで長い期間の修行を終ったあと、故国、趙の国の邯鄲の都へ帰ってきたところが、たいへんな弓の名人が帰ってきたというので、土地の人々はこの紀昌を非常に尊敬した。泥棒は入らなくなり、空飛ぶ鳥は紀昌の住まいのところを遠く避けて飛んだというようなことが起こり、名人の名声まことに高く、その名は天下にとどろいたほどであった。ある時、弓の名人をお招きして、お話を聞こうとした人が紀昌を招くことになり、その客となって出かけていった紀昌は、その家に着くと多くの弓矢が立て並べてあるのを見た。主人が迎えに出てきたので、紀昌はその主人に向かって、「これはいったい何をするものですか」と、その弓矢をさして尋ねた。主人は弓の名人が、弓を見て、それが何であるかを尋ねられて「ご冗談でございましょう」といったが、いかにも本気で、本心で、「いったいこれは何をするものでございますか」と再三尋ねられた。主人はあっけにとられて驚いたということが、最後のところに書かれていて、名人の到達した至芸の境というのは、弓そのものをもはや全く忘れてしまっている境地だというように、中島敦は書いているのである。

この『名人伝』は小説であり、中国の『列子』であるとか、『荘子翼』であるとか、そういう古い古典の中に見える名人話を小説にしたものなのだが、最後の名人の至芸の境に遊び、弓を忘却してしまったというあたりは、いかにも中島敦の名人観たる創作だと考えられる。

創作にちがいないけれども、中国には早くに禅の「十牛の図」などには、こういう至芸の境に相当する禅の悟りの心境が説かれているのであり、また、鞍上人なく、鞍下馬なし、という言葉が、馬も人も意識をしない、馬の名人の至芸ぶりを意味してきたように、原型はあったのである。

「十牛の図」は、牛に乗ることに例えて、人の心の状態を説いたものである。はじめは荒れ狂ってどうにもならない牛を、ようよう手なずけて乗りこなすようになり、やがて後ろ向きに乗って笛を吹いているほど自由に乗りこなすようになり、ついには人も牛も共に忘じ終って空になる、ということが説かれている。これは、悟りの世界のことであるが、芸と全く同じであって、牛を乗りこなす芸そのものが、巧みに人の心の修行の道程として説かれているものである。

こういう名人芸の至芸の境は、心の世界でもあって、そういう高度な心境に達した人でないと芸の名人とは呼ばないし、人の評判も高くはならない。中島敦は、おそらくこういうことは知っていたにちがいない。ということになると、どこまでが中国産で、どこからが中島創作かということになるので、たいへんむずかしいことになる。

ここでは、こういう至芸の境が、勝敗の意識とか、あらゆるさかしら心や対立概念を超えた世界で、いわば絶対的心境をいったもので、すべてが仏教でいうと「空」に帰一したようなものである。であるから、こういうことを今私がいっているような理論や考え方は、おそらく日本にはなかったもので、中国やインドから教わったものにちがいないと思う。

しかし、その理論や考え方が、宗教や芸の文化の上で、具体的な実践として展開し、行じていった時に成立した至芸の境は、日本において早くから存在した。というより、芸そのもののあり方としては、こういう理論よりもずっと早くから、いろいろな芸の世界に、至芸の境に相当する芸を行じた人たちはたくさんいた。だから、こういう文化は、容易に日本文化になりえたわけである。

いずれにしても、こういう至芸の境という世界は、日本では早くからそのように考えられてきたのである。

そういう境地というものは非常に高度であって、踊りであれば、踊っているのか踊っていないのかを忘却しているといったような世界であって、しかもその踊りが見事に踊られているということでなければならないし、馬に乗っている場合は、やはり同様に馬か我かがわからない、しかもそれが最も見事に乗りこなした馬であるということでなければならないし、弓を射るならば弓を射るで、その弓が最も見事に、的に一つ一つ、あやまたず命中し、しかもそれを射当てようというようなさかしら心というようなものまでも離れてしまっているという世界でなければならない。至芸の境はまことに厳しく、高度な芸の世界であるといわねばならない。

2　名人と天才

至芸の境の日本的通念

日本では、こういう至芸の境に到達するということは、はなはだ困難ではあるが、しかし至芸を演じるような名人になるという場合に、どのような期待がなされたかということは、特に日本的通念というか、考え方というか、そういうものがあることを注意しておきたいと思う。

日本的考え方というのは、そのような至芸の境に至るというのは天才でなければならないのか、あるいは天才でなくても、努力をし、よき師に恵まれて、一生懸命にそれを朝に夕に鍛錬していけば到達することができるのかということの問題である。もちろん天才であっても、努力するということが、すぐれた芸の体験者になることはいうまでもないのであるが、天才か、努力家かということを問題にするような日本的基体というものがあるように思われる。それは多くの芸の社会において、あれは器用すぎるとか、どうも器用貧乏だとか、また一般にも器用貧乏人宝《ひとだから》というような言葉があって、器用なためにいろんなことがなんでもできる、それでつい人に頼まれて、人のためにいろんなことをやっているうちに、自分には何も取柄のないことになってしまう。つまり人に重宝がられる、そういうので器用貧乏人宝というような言葉があるように、器用であるということはたいへんいいことであるが、一つのものに徹し、すぐれた文化を独創していくようなことにはつながってこないで、その手前のところでいろいろ終わってしまうというようなこと、これは芸を修得し、しかも新しいすぐれた独創的文化を展開していくというような場合には、むしろマイナスになるというふうに考えられているようである。

器用すぎるということもまた、この器用貧乏に通じる言葉だと考えてよかろう。実際、天才であるとか、生まれながらにしてそなわったすぐれた芸の素質をもっているとかということは、誰にもわかることではない。大学の入学試験に適性検査というものがあったのだが、この適性検査が本当に現代の衆知を集めて適性の方向を決定できたかと考えると、それもまことにあやしいものであった。一人の人間を、このような適性であるとか、このような天才であるとかというようなことを判定したり、測定したりすることはほとんど不可能といっていいのであって、天才であるからというようなことは、なかなかいうことができないのが真実であろう。

したがって、天才か努力かという問題は、実は天才がなんであるかということ、クレッチマーの『天才論』などを読んでも、それが天才であるという判定などができるようなことではないのであって、日々努力するということこそ天才だという考えもあるのである。世の中には、あの人は天才であるという場合に、才能がきわめて豊かであるということを天才として認めているようなことが多いように見える。そういう才能の豊かな、すぐれた人であるという場合と、それほどに才能がすぐれてないというような人との別というものは、おのずから判定され、その別は世の中で一般に評価されているところである。

しかし、これとて、果して才能が豊かであるかどうか、また、そうでもないという人が果して本当によくないかというと、それも決定的にそうだといえるものはない。だから、こういうことを論じるのは、実は不毛のことのようだが、それにもかかわらず、古来よく、芸は才が大事か努力精進が大事か、ということは、繰り返し論じられ、評判になってきた。

だから、才能のあるように思われている人と、そうでもない人と、果してどちらが芸の名人になるとか大成するとか、つまり、至芸の境に行ける人になりうるか、という問題である。これはたいへんむずかしいことで、簡単に結論が出るような問題ではない。

『徒然草』

才能のある人が、一生懸命努力するのが一番いいのはきまりきったことである。そういうことは別として、右の二つの才か努力か、ということを考えてみよう。このことについては、遠い昔から日本には、日本独自の物の考え方があって、それを兼好法師の『徒然草』の一五〇段が、一つの典型を示しているように思えるのである。興味深い話なのでこれを左に引用してみよう。

能《のう》をつかんとする人、「よくせざらんほどは、なまじひに人に知《し》られじ。うち〳〵よく習ひ得《え》てさし出（で）たらんこそ、いと心にくからめ」と常に言《い》ふめれど、かくいふ人、一芸も習《なら》ひ得《う》ることなし。いまだ堅固《けんご》かたほなるより、上手の中に交《まじ》りて、毀《そし》り笑《わら》はるゝにも恥（ぢ）ず、つれなく過（ぎ）て嗜《たしな》む人、天性《てんせい》その骨《こつ》なけれども、道になづまず妄《みだ》りにせずして年を送れば、堪能《かんのう》の嗜まざるよりは、終《つひ》に上手の位にいたり、徳たけ、人に許《ゆる》されて、双《ならび》なき名を得《う》る事なり。

天下の物の上手といへども、始（め）は不堪《ふかん》の聞《きこ》えもあり、無下《むげ》の瑕瑾《かきん》もありき。されども、その人、道の掟正《おきてただ》しく、これは重《おも》くして放埒《はうらつ》せざれば、世のはかせにて万人《ばんにん》の師となる事、諸道かはるべからず。

とある。これは芸を習う人が、あまり人前で恥をさらすようなことをしないで、うらでそっとよく習って、そして出ていったほうがいいという見解に対して、そうではない、一芸もそういうのはうまくいくことはないのだと。そうではなくて、まだ不十分ではあるが、そういう時分から立派な人にまじって、そしられたり、笑われたりしても恥じないで一生懸命に励む。その人は天性、骨柄などはなくても、その道に停滞することなく一生懸命にやっていると、常に腕のある、才能のある、すぐれた堪能の人の一生懸命しない人よりは、ついに上手の位になって、立派な芸能者になるのだと。〝徳たけ、人に許されて、双なき名を得ることだ〟と、こう述べており、先ほど来述べてきた、才能が非常に豊かだと思われるような人が、その才に溺れて努力しないような人よりは、才能はなくても、つまり天性その骨柄ではなくても、道に滞《なず》まず一生懸命に上手の中にまじって、そしられても、けなされても努力し、絶えず進展をしていくということによって、天下のものの上手という評判をとることさえできるのだということを兼好法師は述べているのである。

この兼好法師の一五〇段の考え方は、兼好法師自身が考えたことであるとも考えられるが、当時の日本人の芸道、その他の諸道について、この道の掟にしたがって、まじめに一生懸命にやっていこうとするような場合において、一般に考えられていた一つのパターンではなかったかと思われる。当時のみならずもっと前からの、思考法ではなかったかとも考えられるし、それが現代にまでそう考え続けられているように、古代以前の日本の社会通念であったのではないかと思われるのである。

自分は芸がつたない、しかしなんとかその芸を自らのものにしたいという主体的な情念の燃えるエネルギーというものの激しさ、そういうものが芸を本当に身につけていくことの根源的なものになるのだということである。

この『徒然草』の考え方は、現代の芸道のあらゆる分野においてもよく聞くことである。それは、あの人は〝器用すぎる〟という言葉である。器用すぎるということは才に溺れる、自らに頼みすぎるというような自負心を起こすということにもつながるのではないかと思われるが、いずれにしてもこれは芸のみならず、学問においても、宗教の世界においても、同じことのようである。芭蕉が〝松のことは松に習え〟といったのは、私意を離れよということであると論じたように、自らのさかしら心というものをなくして、そして芸の世界に随順し、挺身し、全身全霊をもって肉迫するということによってのみ至芸の境に到達できる可能性があるということのようである。芸の世界はそういうけわしい世界である。

才のないよりは才があったほうがいいことはいうまでもない。ただ、才があるとかないとかいうこと自身が、それぞれの人の個性の進展の仕方によって、小さい時に才が十分に出てくる人か、大器晩成のような、ずっとのちになってその才が本当に発揮される人か、ということは誰にもわからないし、さまざまである。才能があるかどうかの決定ということは非常に難しい。そういう意味なので、もちろんそれぞれの芸の分野においてその素質・天性に恵まれた人が、その道に志すことが最もよいことはいうまでもないことである。しかしそういう人であっても、自分で才があるなどということは、誰もほとんど考えないものであるから、そのような場合に才能がないという劣等感、そういうスランプ状態に陥らないで、努力していくというようなことも、『徒然草』は包含的に述べているように考えられる。

このように、才能が第一か、努力精進が第一かということは、日本人にとっては、古来重要な問題として関心を寄せられてきたのだが、努力精進こそ芸を大成させるものであると考えられてきたのである。精進し努力することが天才であるといえるのかもしれない。精進し努力することのできる人は、精進努力することの方法論と実践の技法を身につけているからであり、問題を追う情熱と体力を持っているからである。

才能が第一か、努力精進が第一かといった場合、努力し精進する方法論も持たないし、実践の技法も身につけていないような人では、論外であるから、問題にはならない。こういうことであるから、精進努力こそ天才だということもいいうるし、また、日本では、この精進努力を第一と考えてきた、ということである。

凡人における至芸の境

次に私は、至芸の境について考える場合に、芸は、至芸の境のような高度なところで、人間的に大成されたところに顕現する芸、芸として大成された芸として存在するようなもの、そういう芸のほかに、もっと広く、あらゆる方面に、また若い人たちの間にも、芸を演じている人たちの芸には、時時、瞬間瞬間に、至芸を演じていることがありうる、ということについて考えてみたい。

大道芸であれ、寄席の落語であれ、その道にすぐれた芸を演じている人たちの芸を見たり聞いたりすると、私は涙する思いで、そのすぐれた芸にいたく心を打たれる。これは至芸の境というようなことではなくても、すぐれた芸の世界というのは、いかなる芸の境域においても、崇高な世界がそこに展開していることがある。それは、それなりの芸において、芸に打ちこんでいる精神と修行の結晶が、見事に実っているような時であろう。こういう世界のあるということもまた事実なのである。至芸の境に至ったような場合に見られるすばらしい芸を、若くして演じることがある。こういうことも存在しているのだということを考えておく必要があろうと思うのである。つまり至芸の境というのは、特殊な人が、ある特定な場において持続的に、たとえば弓の名人、紀昌のような存在としてあるということはもちろん、そのほかにごくふつうの人であっても、たまたま至芸を演じているということがありうるのである。そのような芸に接した時には、多くの人々が絶讃するのである。映画の場面であれ、また歌舞伎の場面であれ、寄席の場面であれ、野球場であれ、どのような場面においても至芸の境というものは至るところに展開している。それはわれわれ日本のすぐれた文化でもあって、そのような至芸に接すると、万人は感嘆し、そして万雷の拍手を送り、どよめき、喜び、絶叫してほめたたえる忘我状態になることは、古今を通じて変わらない原理だと思う。

このように芸の世界では、人類文化がどのように機械的に進歩発展しようとも、芸は人間が人間である生身で演じるかぎり、師匠が弟子に、その弟子がまた次の弟子に、というように次から次へ伝承し、伝えられ、教えられしていく人のわざなのである。オリンピックで演じられる体操、その他の競技、こういうわざにしても、それは人から人に伝えられ、そしてその人が学びとり、さらに新しい世界を開拓していくという芸であって、この芸の世界は永遠に学びとられ、そして新しい創造の世界を開顕していくことの連続である。それは永久に過去から未来へ連続し、展開していく、きわめて冷厳な世界だということがいえる。であるから、その芸の世界は、一年、二年、三年位で修得できるものもあるが、さらに五年、一〇年ぐらいですぐに自分のものになるといったようなものではないものもある。三〇年、四〇年、五〇年、六〇年と演じ続け、行い続け、さらに修練を積み、鍛練を積み、宮本武蔵のような人でも五〇歳になるまで修練を積んで、やっと剣の道における満足の境に達したというようなものなのであって、それこそ〝堪能の嗜まざるよりは、天性その骨《こつ》なけれども道になづまず、妄りにせずして年を送れば〟、つまり長い年を送れば、そこに初めて到達することのできる世界であるということができると思う。

〝狂〟の精神

長い間かかってそういう道に到達することができ、また芸を身につけることができ、新しい文化を創造していくような人になりうるということ、それは淡々と、同じことを繰り返し積み重ねるというようなやり方で行っていればできる、というようにも考えられるのだが、そうではなくて、芸の世界というものに関しては、〝狂う〟という一つの心的状態、あるいは行動原理、これが重要なものではないかと思うのである。いろんな芸談を読んでいると、その芸談の中で、芸人というものはふつうとはちがって、多かれ少なかれ気違いのようなものであるというようなことがよく書かれているのであるが、これは気違いのようになって芸に精進をする、踊り込む、あるいは歌舞伎に熱中する、あるいはその芸のためにすべてのものを傾倒するというような形で、気が狂ったようなもので、財産も使い果たし、すべてのものをそれに投入してしまうといったような気違いざた。そういう気違いざたというものは、実は狂っているというように考えられるのであるが、その狂いというのは、実はあらゆるものを投入して芸を獲得しようとする情熱のほとばしりであって、そういう狂いという境地が、強烈であれば強烈であるほど、到達しうる芸の境というものもまた大きいということができると思うのであって、そういう意味では至芸の境に到達することのできたような人々は、多かれ少なかれ、どのような人も狂いであったといえよう。狂いの精神というものは、よくそんな狂いざたになってはいけないということがいましめられることが多いのだが、そういう点からすれば、むしろそのような狂いというのは主体的な燃焼度の強烈さであるという意味において、狂いこそ芸のすぐれた境に到達することのできる一つの通路ではないかとさえ考えられるのである。

至芸の境には、時代を超えた美がある。しかし、また、いっぽうでは、至芸は、時代を敏感に生ききっていないと、至芸ではありえないことも事実である。古くさくて、新鮮さがないものは至芸ではない。

勅使河原蒼風

勅使河原蒼風という人は、いけ花の世界において至芸の境に到達していた人だと私は思う。亡くなった後に、氏の遺著として出版された『花伝書』のなかで、いけ花が過去の古い思想や方法で造形されてはならないとして、その新しい思想や方法や造形法を明確に述べている。ここには、そのなかから、ほんの一部だが、根本的なところを紹介してみよう。「無常観という煙幕のうしろで、自然と心中しようとする感傷主義は、あまりに時代錯誤すぎる」という書出しのところに、次のように論じている。

つまり、いけばなを支えていた過去の思想が、自然と人間への無常観であったのに対して、今日のいけばなを推し進める思想は、自然を媒体としてあくまで人間の回復を主張する力強いものでなければならないということなのだ。

というのである。蒼風は、こういう人間回復のため、日本の古典『古事記』を愛読し、『古事記』に取材したいけ花の傑作をたくさん造形した。それらは、まるで新しいいけ花であり、人間回復を主張する力強いいけ花であった。氏はまた、近代の生活空間に対応したいけ花であるためには、床の間の壁のところで育てられ、いけるというよりは立てるということで、立ちあがる形がもとになっていたいけ花から、四方正面のテーブルの上の花にも、いけ花としての花をいけることとか、昔の花が、昼間の明るい時に見る花としてのいけ花であったのが、今では、ほとんど、電気照明の下で見る夜の花になったことによる、夜の花としてのいけ花をいけることとか、めまぐるしく変化してやまない時代の変遷に対応して、時代のなかで花を自由に創造していくことを論じている。

蒼風はこういう花を変幻自在にいけることのできた人である。しかし蒼風は、その新しさを出すために、材料の新しさだけでは新しくならない、どこにでもあるもので、どこにもないものを造形するところに芸術的な新しさがあるのだといっており、古いものに対する尊敬と理解を正しく強くもつ人ほど、古いものに拘泥しない。新しいものに積極的である人ほど、古いものから取るべきものは取り、捨てるものは捨てて、単なる反逆をしたりすることはないだろう。

ともいっている。こういう心境は、いけ花において自在の境に達した時に吐くことのできるもので、当然のことが、重大なことだということを、強烈な認識として、体験のなかから蒼風はいっているのである。

花は、いけたら、花ではなくなるのだ。
いけたら、花は、人になるのだ。
それだから、おもしろいし、むずかしいのだ。

と断言した蒼風のいけ花は、花を追求して、時代と人との久遠の泉を掘り当てた、そういう趣がある。ここには蒼風の『花伝書』によって、芸が時代と共に敏感な流動変化を遂げなければ、すぐれたものでありえないことについて述べたが、それは、どのような場合においても同じことである。

時代を生きる舞

昭和五四年一〇月三〇日、梅若能楽学院会館で、川口秀子さんが「海人」を舞った。これは、仕舞の「玉の段」や地唄舞の「珠取海女」の原曲を能から脱化した現代人の感覚と振付けで舞った名品であった。私はこの舞踊を見て、能舞台における「お引きずり」の衣裳の見事な裾さばき、その「お引きずり」だからこそ演じえた、白足袋のつま先を僅かに見せるそれとなきお色気、それに、ときどき見せた素顔でありながら能面のように「面を切る」演技、扇子さばき、ほとんど目ばたきをしない能面そのものかと思われる顔の無表情など、日本舞踊の歌舞伎舞踊から考えると、実に新鮮な演技を見せた。

「お引きずり」からつま先だけを見せたお色気の心にくさは、能舞台の能では全く見ることのできないものであるだけに、この能舞台での舞踊として、この「海人」は、大きな感銘を呼んだ。

それに、私は、この時、「海人」の使う扇子が、麻田鷹司氏の描いたもので、開かれた時に、片面が群青色で描かれたところが広く見え、それが大きな効果になっていたのも、まことに新鮮なところだと思った。

川口秀子さんという方は、地唄舞をはじめ、いろいろな舞踊を修得しているうえに、武智鉄二氏がついているので、「競馬」という、まるで新しい、すばらしい舞踊を造られたり、数々の名品をたくさん創作しているが、今回の「海人」は古い技法を巧みに用いながら、まるで新しい世界を演じえた点で、見事であった。蒼風のいう、どこにでもあるもので、どこにもない新しいものを見事に造り出したわけである。「海人」はまことに美しい、すばらしい舞踊であった。

不易流行

芭蕉の俳論のなかに不易流行論というのがある。この章のはじめにも触れたが、それは、『赤雙紙』『去来抄』、去来・許六の『俳諧問答』その他のものにも記されているもので、芭蕉の俳論のなかでは重要な芸術論であるが、この論は俳句の芸術論として重要なだけでなく、私が論じてきた芸道一般に広く通用するものである。『赤雙紙』によって見ることとしよう。その巻頭に次の如く記されている。

師の風雅に万代不易有り。一時変化有り。この二つに究まり、其本一つ也。その一《ひとつ》といふは風雅の誠也。不易を知らざれば実にしれるにあらず。不易といふは、新古によらず。変化流行にもかゝはらず、誠によく立ちたるすがた也。代〻《よよ》の歌人の歌をみるに、代〻其変化あり。また新古にもわたらず、今見る所むかしみしに不替、哀成るうた多し。是まづ不易と心得べし。又千変万化する物は自然の理なり。変化にうつらざれば、風あらたまらず、是に押うつらずと云ふは、一端の流行に口質時《くちくせ》を得たるばかりにて、その誠を責めざるゆへ也。せめず心をこらさゞる者、誠の変化をしるといふ事なし。たゞ人にあやかりてゆくのみなり。せむるものはその地に足をすへがたく、一歩自然に進む理也。

とある。宇宙の森羅万象、一瞬もとどまることなく変化してやまない。万物流転こそ永遠にして恒常なる不易の法則でもある。そういう流転変化してやまないなかにも、芸術の美の法則、規範というべき不変なる不易なるものがある。と同時に、その時々の時代により場所により、変化流行してやまないものを敏感にうけとめてゆくべき新風というものがまた重要であると説いている。

この芭蕉の不易流行論は、かつて務台理作《むたいりさく》が、すぐれた伝統論を書いた時に、この一節を引用し、次のように述べている。

この言葉によつて伝統の本質とその展開とはすべて解明されていると云つても過言にはならないであらう。実際この言葉ほど伝統の生命とも云ふべき展開の原理――不易と流行との関係を明かにしてゐる言葉はないであらう。伝統に於て古典的規範を示してゐるものは不易であり、再体験され、自己解釈を示す部分は変化流行である。この二者がその可能的結合に於て、唯一の風雅の誠を示すことは実に万代の真理であると云はなければならい。不易と流行との結合は、「誠をせめ」、「心をこらす」真実の一路であり、それは理性的自覚の発露に他ならない。（岩波講座『倫理学』第六巻、務台理作「伝統」昭和一六年三月）

とある。時代の流行変化を、不易なる芸の心の再体験・追体験という、誠を責める方法で行じてゆくことは、芸の世界においては最も肝要な条件の一つである。

至芸の境は、こういう不易流行の見事な結合統一が具現している世界でもある。新しさがただよっている世界である。

あとがき

日本の芸能史を研究していると、一六世紀から一七世紀にかけて、芸能のほとんど全分野にわたって、それぞれの芸の分野に芸道という独特な文化社会が成立したことに私は大きな関心をもつようになった。

たとえば、建築・彫刻・絵画・音楽・舞踊・演劇・武芸・庖丁・衣紋・歌・俳諧・茶・花・香・漆芸・陶芸・木竹工芸・金工・刀剣鍛造・鑑定などの芸能分野に、実技の方法とその芸を理論的に体系化した芸の哲学との両面を整備した秘伝書が作られ、そこに多くの芸道が成立した。

これらの芸道は、すべて手作り文化時代のもので、それは手作りの実践法と理論で貫かれていたこと、ならびに、明治維新による前代否定が徹底的に強行されたことなどによって、明治中期以降になると、その多くが滅びてしまったり、また、ひどく弱体化してしまったりした。

しかし、近代工場制生産のなかにあっても、なお手作り生産によらなければならない文化領域は少なくない。ところで今日、日本の絵画・工芸・舞踊・演劇など、かつての芸能諸分野を展望してみると、明治以降、国際的に高い評価を得た浮世絵とか大衆芸能とか、さまざまな工芸品などの名作を凌駕するような作品が少ないことは誠に悲しい。

私は、日本の一八世紀は手作り文化においては、世界の文化史上でも、その技能の高度性において、また、その多種多様なる多彩性において、発想やデザインの優美さにおいて、きわめて高度な発達を見せたと考えている。それは徒弟制が、良き意味の幼児適性教育であり、幼児天才教育であり、個人教育であったことによって、今日人間国宝といわれるような先生や俳優や話し家などが、一八世紀の日本には、一介の市井人として、いくらでも多数氾濫していたのである。

このように弱体化した今日の日本の伝統芸能の世界にも、このごろようやく若い人達の間に、日本の手作り文化をもう一度、すばらしい自分たちの文化として創造開発しようとする意気込みが、あちこちで炎をたてて燃えはじめるようになった。うれしいことである。

しかしこのことは、日本の芸を体で学びとろうとして日本にやってきたアメリカやドイツの青年学徒が、日本の芸の伝統を伝える人たちのところに住み込み、体当りでその芸を修得し、たとえば毎日新聞主催の陶芸展で、ドイツ青年が最優秀賞を獲得するというような、国際的な文化緊張に触発されたというようなことも、何らかの関係あるいは影響があるかもしれない。

また、ここ一〇年ばかり前から、海外に留学する日本の学生が激増し、その学生たちが、日本を離れることによって、そこに改めて日本を見直した新鮮な祖国芸道観が芽生え、体当りで日本の古い芸に取組み、そこから新しい時代の先端を切る文化創造を目ざしている若者もいるということになってきた。

いずれにしても、新しい芸能の文化創造を絢爛たるものとするには、どうしたらよいかという大問題に直面している私たちは、ここで、もう一度一八世紀の時代、さらには、芸道創生期の一六、七世紀の昔の実体を確かめてみること、じっくりと見直してみることが必要なのではないかと思う。

私たちは今や、たいへん恵まれた時代に生活しているために、広重や北斎が二週間もかかって歩いた東海道を三時間足らずで走ってしまう。すべてはたいへん便利になった。しかし、手作りの文化創造にとっては、私たち現代人の感覚は一八世紀の日本人、たとえば広重や北斎、京伝や馬琴たちより発達しているであろうか。そうではなかろう。それどころか、知らず知らずの間に退化していることのほうが多いようである。

初秋の雨と風の体感で、山に松茸が出初めたことを確実に感じ取ることが出来た私の父にくらべ、私はもはや父のような敏感な感覚を持合わせていない。これは私の父だけのものではなかったのであって、文化創造のあらゆる面で、私の父はその父や祖父より感度がはるかににぶかったということが考えられる。

つまり、文化的に近代化が進展するのと反比例して私たちは感覚的敏感度をどんどん喪失しているのである。そういう意味でも、私たちの先祖たちが残した芸の世界を、性根を据えて見据える必要があるのではなかろうか。新しい明日の豊かな日本の芸を創造するために、超感度の人々が創造した神わざのような芸を見直してみる必要があるのではなかろうか。

この本はこういう意図で書いたのだが、読み返してみるとまことにお粗末なことになってしまった。それでも、何かと二年余りもの間、いろいろ励ましていただいて、まがりなりにもこういう本にまでして下さったのは一に講談社の梶田英三氏のおかげである。ここに厚くお礼を申上げる次第である。

西山松之助

一九八〇年二月八日

解説　「芸」における弟子の効用

内田　樹

玄人の芸談はどんな分野の人のものでも面白い。私自身は武道と能楽とふたつの「芸事」を稽古している身なので、どんな芸談もわが身に引き寄せて読む。ずいぶんたくさんの芸談を読んで来たが、「それは違う」と思ったことはない。どんな話を聞いても、どんな奇妙な経験やどんな意外な教訓を示されても「なるほど、そういうものなのか」と素直に受け入れる。芸道においては、斯道《しどう》の名人達者を「師」とみなし、つねに自分を「弟子」の立ち位置に置くことにしているからである。

ふだんの私をご存じの方ならすぐに同意してくださると思うが、私はそれほど素直な気象の人間ではないし、簡単に人の話を信じる人間でもない。しかし、こと芸については、ためらわず「弟子」の立ち位置を取る。芸においては、鑑賞者や批評家であるより、弟子である方が、会得するものも、引き出し得る愉悦も圧倒的に多いからである。この点において私は「病的な合理主義者」である。

もちろん、これは私の個人的意見であって、一般性を要求できないことは百も承知である。それでも、本書に「解説」の一文を求められたことを奇貨として、西山先生の知見を私がどう読んだかを書き記しておきたい（こういう文章で敬称を用いるのは異例であるが、私はその人の知見を傾聴するときには師礼をとることにしている）。

弟子の本務は修行することであり、それは本書に書かれているように「至芸の境」をめざすものであり、われわれ凡人は生涯錬磨しても、そのような境地にはたどりつかない。西山先生はこう書かれている。

「この至芸の境というのは、あくまで憧れの世界であり、夢に描く世界であり、到達したいと願う世界であり、その至芸の世界は芸に上達すればするほど、ちょうど高い山に登っていくように、一つの山をきわめれば、次の山が高くそびえ、その山をきわめれば、さらに向うに高くそびえている高峰がよく見えてくるような状況で、行けども行けどもこれを踏み越えることのできない未踏の世界であるというのが真実である。」（本書、二一四―二一五頁）

この言葉に私は満腔の同意を示す。私は武道修行者としては「天下無敵」を目指している。それ以外に目標はない。当然、その目標にはどれほど稽古しても決してたどりつくことができない。これは透視画法における無限消失点のようなもので、それなしでは修行が成立しない「未踏」の目標である。日暮れて道遠し。すべての修行者は道半ばで命が尽きる。

しかし、歩んでいる道が正しければ、どこで息絶えても修行者は少しの悔いもない。新幹線で京都に向かっていることが確かなら、米原で息絶えようと、豊橋で息絶えようと、どうでもよいのである。極端な話、品川駅で命が尽きても、正しい道を歩んでいたのなら、修行者はそれを苦にしてはならない。「最初の山」を望見していただけで、ついに「次の山」も「高峰」も見ることができなかったとしても、修行者であった事実は揺るがない。生涯修行に励んだが、ついに「至芸の境」に至らなかったからと言って、「人生を無駄にした」とか「こんなことなら別の仕事をすればよかった」とか思う修行者はいない。弟子という立ち位置を取る限り、修行者は決して後悔することがない。その意味では弟子というのは「最強のポジション」なのである。

私事にわたるが、学者としての私の専門はフランス哲学であり、エマニュエル・レヴィナスという哲学者の書いたものを訳したり、彼についての論文を書いたりしてきた。でも、私は「研究者」ではなく、レヴィナスの「弟子」である。研究者と弟子の違いは、自分が研究している当の人物の書いたものを読んで意味がわからないとストレスを感じるのが研究者で、「ああ、師の言葉は私の理解を絶している。これこそわが師の偉大さの証である」と感嘆して、研究のインセンティヴが高まるのが弟子である。

弟子は自分が師とどれほど隔たっていても、それによって師の後を追うことを止めたりはしない。むしろ、師の背中が遠のけば遠のくほど、そのような偉大な師の弟子であるわが幸福に感謝するのである。弟子の効用はここにある。

孔子は「述べて作らず」と言った。「私が語ることは先賢の請け売りであって、そこに私のオリジナルな知見は何もない」という抑制的な名乗りをしたのである。だが、別に孔子は謙遜してそう言っているわけではないと思う。「祖述者」というポジションが思索を深め創造を駆動する「最強のポジション」であることを知って、あえてそう名乗ったのである。白川静はこう書いている。

「孔子はみずからの学を『述べて作らず』といったが、孔子においては、作るという意識、創作者という意識はなかったのかも知れない。しかし創造という意識がはたらくとき、そこにはかえって真の創造がないという、逆説的な見方もありうる。たとえば伝統が、形式としてあたえられるとき、それはすでに伝統ではないのと同様である。伝統は追体験によって個に内在するものとなるとき、はじめて伝統となる。そしてそれは、個のはたらきによって人格化され、具体化され、『述べ』られる。述べられるものは、すでに創造なのである。」（白川静、『孔子伝』、中公文庫、七〇頁、強調は内田）

本書巻末近くの芭蕉の不易流行についての言葉を読んだときに、白川静のこの箇所を思い出した。西山先生は芭蕉の「師の風雅に万代不易有り。一時変化有り。この二つに究まり、其本一つ也」という箇所を読解してこう書いていた。

「宇宙の森羅万象、一瞬もとどまることなく変化してやまない。万物流転こそ永遠にして恒常なる不易の法則でもある。そういう流転変化してやまないなかにも、芸術の美の法則、規範というべき不変なる不易なるものがある。と同時に、その時々の時代により場所により、変化流行してやまないものを敏感にうけとめてゆくべき新風というものがまた重要であると説いている。」（二三三頁、強調は内田）

不易のものが流行のうちに「具体化」されたときに、それが「創造」と呼ばれる。創造的な芸は例外的な質の高さを示し、しばしば圧倒的な大衆的支持を得る。西山先生は務台理作の次の言葉を引いてその理路を伝える。

「伝統に於て古典的規範を示してゐるものは不易であり、再体験され、自己解釈を示す部分は変化流行である。この二者がその可能的結合に於て、唯一の風雅の誠を示すことは実に万代の真理であると云はなければならない。」（二三三頁）

私もものを書く仕事を長くしてきたから、「創造」とは何かという問いは切実なものである。どうすればこの世界に小さくとも創造の「鑿《のみ》の跡」を残すことができるか、それをずっと考えてきた。そして、あるときに最も創造的な立ち位置は「弟子」になることだと自得した。

弟子は「不変不易の伝統」を受け入れる。だが、おのれの心身は、それを受け入れるにはあまりに狭く、弱く、貧しい。大きな家具を狭い家に入れようとするときには、家の壁を壊すしかないのと同じで、私たちが「不変不易の伝統」を「再体験し、自己解釈する」ためには、おのれの思考と動作を律しているシステムを解除し、無定型の、星雲状態の、無防備でかつ無垢な存在にまで自己解体しなければならない。自分であることを手離さない限り一歩も先に進めないというのが「弟子性」の本質である。

問題は「師」をどこで探すかということである。これについては本書中の小さなエピソードに私はつよく心惹かれた。それは「鉄砲の神様」の話である。

西山先生が召集されて兵隊になったとき、連隊に「鉄砲の神様」伝説が伝えられていた。その人は三八式歩兵銃を担って射撃して的を外れると、その銃の狂いがわかり、「一丁の金づちを三八式歩兵銃の銃身修正のために、チョーンと打ちつけて修正をすると、弾が正しく当たるようになるというのである。」（二〇頁）

この「神様」は一発撃つだけで、その銃をどう修正すればよいかがわかり、かつその修正の作業は金づちで叩くだけなのである。この「われわれには超能力と思われるような力を発揮する非凡な鑑定眼」をも西山先生はある種の至芸として認めている。

「このような鑑定の世界、鑑賞の世界のすぐれた能力というのも芸ということで、日本では古くから高い評価がなされてきたのである。」（二一頁）

似た話を別の本で読んだ覚えがあった。それは司馬遼太郎が録している呉服屋の番頭さんの懐旧談である。

この人は戦争の終わりごろに関東軍に徴集されて、ソ連軍に捕らえられてシベリアに抑留されて奴隷労働をさせられた。多くの仲間が死んだが、この人は蒲柳《ほりゅう》の質ながら生き残った。彼がさせられたのは岩山の岩を割る仕事だった。

「話が岩割りのことになると、Aさんの顔に血がのぼり、情熱的な目つきになった。兵隊の中には学者がいるものでございます、どんな岩にも、理《すじ》というものがある、大理石の理、そいつをさがしだして、その理に沿ってノミを叩きつづけてゆくといつかは大割れに割れるものだ、そういうことを申すものでございますから、みなでそのとおりに致しますと、本当に割れました、そういう理《り》でもってシベリアの岩をずいぶん割って参りました、といった。

『その学者は、前職は何でしたか』
『錺職《かざりしょく》でございました』」
（司馬遼太郎、『この国のかたち1』、文春文庫、五六―五七頁）

こういう「名もなき職人」たちの至芸に西山先生は高い評価を与えていた。かつてこのタイプの職人たちは貴族や権力者に隷属し、「そのために全身全力をささげて、貴族や権力者たちの命令のままに生産を続けていた人々であった」（七八頁）。彼らに課せられた要求はきわめてきびしいものであったり、突飛なものであったりした。その要求に応えて、職人たちはすばらしい作品を生み出した。

「誰が作ったのか、誰が描いたものか、誰が書いたものか、誰が蒔絵をしたものか、誰が建てたものか、誰が彫ったものか、そういう作者は全く明らかでないのに、作られたり描かれたりした、それらの作品が、神技であり絶世の名品だというものがたくさんある。」（七九頁）

彼らは主体的に表現をしたわけではない。パトロンの注文に応じただけである。けれども、注文制作という条件下で職人たちは「きわめてはつらつたる創造意欲を啓発することに

なった。」（八〇頁）

「鉄砲の神様」も「岩の理を見る錺職」もパトロンのめちゃくちゃな注文に答えて異彩を放つ作品群を作り出す職人たちも、いずれも「至芸の人」である。この人たちは誰一人いわゆる「芸術家」ではない。彼らには主体性も自発性もないからだ。彼らは環境に強いられてその至芸を発揮した。そして、西山先生はそういう歴史的条件において芸が爆発的な進化を遂げることを重く見る。これは孔子が祖述者のポジションを選び、修行者たちが弟子のポジションを選ぶことと本質的には同じことではないかと私は思う。

祖述者はオリジネイターではない。弟子は師がどこをめざしているか知らない。その背中を追ってゆくだけである。ここにも主体性や自発性はない。アイデンティティーなどというものはかけらほどもない。真の創造というのは、そういうものではないか。西山先生はそう問うているようである。

「あとがき」に先生は明治以後にはそれ以前の浮世絵や大衆芸能を超えるような作品が少ないことを嘆いている。十八世紀の日本はその技能の高度において、多彩性において卓越していた。それは「徒弟制度」の所産であると西山先生は書いている。

「それは徒弟制が、良き意味の幼児適性教育であり、幼児天才教育であり、個人教育であったことによって、今日人間国宝といわれるような先生や俳優や話し家などが、一八世紀の日本には、一介の市井人として、いくらでも多数氾濫していたのである。」(二三六頁)

これは読み過ごすことのできない痛烈な現状批判である。今日「人間国宝」と呼ばれて畏敬されている人たちも十八世紀の日本に連れていったら、「その他大勢」の一人でしかないだろうというのである。それほどまで日本の伝統芸能は「弱体化」し、「退化」しているというのが西山先生の診立てである。

「手作りの文化創造にとっては、私たち現代人の感覚は一八世紀の日本人、たとえば広重や北斎、京伝や馬琴たちより発達しているであろうか。そうではなかろう。それどころか、知らず知らずの間に退化していることのほうが多いようである。」(二三七頁)

これが西山先生のいわば「結語」である。本書を至芸についての記録と考察として読み、「いや、日本の伝統文化とはたいしたものだ」と喜んだ読者たちは最後に「退化」の文字を突きつけられて言葉を失う。私たちは何を失ったのか。西山先生はそれについては直接書いていないけれども、それが「徒弟制」あるいは「師弟関係」がもたらす創造であることは行間から知れる。

本書はいくつもの芸談を採録しているが、中でもインパクトがあるのは六代目菊五郎の右の親指の異形の話である。「飛び返り」の所作を失敗して親指を挫いたときに激痛でうずくまったところ稽古をつけていた九代目団十郎に「見物がいたらどうする」と一喝されてそのまま痛みに耐えて舞ったことで指が曲がってしまったという話である。これは六代目の至芸の本質が、おのれの身の痛みよりも師の一言を優先した弟子の無垢性のうちにあったという西山先生の考えを示している。というのも、それに続いてこう書かれているからだ。

「さまざま芸の修得のために身を砕き、そのために自分の生命をすら失ってしまったという物語もあり、また、そのような非業の最期を遂げながらも、まったく人に知られることもなく世を去っていった人も少なからず存在したにちがいないのである。」（一七七頁）

西山先生はそのような過酷な修行のうちに無名のまま死んだ人たちに一掬《いっきく》の涙を注ぐ。修行とはそういうものである。道の途中で、何一つ達成しないまま、無名のうちに息絶えても悔いはしないという覚悟を持つ者たちだけが、武道であれ芸能であれ、伝統を継承することができる。その中で「高峰」に近づいた例外的な人たちが「至芸の境地」がどういうものかを私たちに垣間見せてくれる。でも、その人が踏破した道の端には、「まったく人に知られることもなく世を去っていった」無名の死者たちがその屍《かばね》を晒《さら》している。この死者たちが堆積した土壌を得てはじめて芸の花は咲くのである。

だから、誰もが「芸術家」であったり、「表現者」であったり、「オリジネイター」であったりしようとする世界には芸が開花するチャンスが（ほとんど）ないのである。

家元制度について、武道について、本書の内容について書きたいことはまだあるけれども紙数が尽きた。この刺激的な書物を一人でも多くの方に読んで欲しい。

（神戸女学院大学名誉教授・武道家）

KODANSHA

本書は『芸の世界　―その秘伝伝授―』（一九八〇年三月　講談社刊）を改題し、文庫版解説をつけたものです。

文庫化にあたり読みやすさに配慮して、旧字を随時、常用漢字に置き換え、送り仮名を一部直したほか、ルビの追加を行い、明らかな誤植は訂しています。

本書には現在では差別的とされる表現も含まれていますが、著者が故人であることと差別を助長する意図はないことを考慮し、原本刊行時の文章のままとしております。

西山松之助（にしやま　まつのすけ）

1912–2012年。兵庫県生まれ。東京教育大学名誉教授。近世日本文化史を研究し，家元制度を実証的に明らかにした。臨済禅を修行し，道号は「蔵雲」。著書に『家元の研究』『名人』『江戸学入門』『歌舞伎をみる』『日本の美と伝統』『茶杓百選』『江戸庶民の四季』『西山松之助著作集』（全8巻），編著に『江戸学事典』『江戸ことば百話』など多数。

講談社学術文庫

定価はカバーに表示してあります。

芸《げい》

秘伝伝授《ひでんでんじゅ》の世界《せかい》

西山松《にしやままつ》之《の》助《すけ》

2024年５月14日　第１刷発行

発行者　森田浩章
発行所　株式会社講談社
東京都文京区音羽 2-12-21 〒112-8001
電話　編集（03）5395-3512
販売（03）5395-5817
業務（03）5395-3615
装　幀　蟹江征治
印　刷　株式会社ＫＰＳプロダクツ
製　本　株式会社国宝社
本文データ制作　講談社デジタル製作

ISBN978-4-06-535720-0

「講談社学術文庫」の刊行に当たって

これは、学術をポケットに入れることをモットーとして生まれた文庫である。学術は少年の心を養い、成年の心を満たす。その学術がポケットにはいる形で、万人のものになることは、生涯教育をうたう現代の理想である。

こうした考え方は、学術を巨大な城のように見る世間の常識に反するかもしれない。また、一部の人たちからは、学術の権威をおとすものと非難されるかもしれない。しかし、それはいずれも学術の新しい在り方を解しないものといわざるをえない。

学術は、まず魔術への挑戦から始まった。やがて、いわゆる常識をつぎつぎに改めていった。学術の権威は、幾百年、幾千年にわたる、苦しい戦いの成果である。こうしてきずきあげられた城が、一見して近づきがたいものにうつるのは、そのためである。しかし、学術の権威を、その形の上だけで判断してはならない。その生成のあとをかえりみれば、その根は常に人々の生活の中にあった。学術が大きな力たりうるのはそのためであって、生活をはなれた学術は、どこにもない。

開かれた社会といわれる現代にとって、これはまったく自明である。生活と学術との間に、もし距離があるとすれば、何をおいてもこれを埋めねばならない。もしこの距離が形の上の迷信からきているとすれば、その迷信をうち破らねばならぬ。

学術文庫は、内外の迷信を打破し、学術のために新しい天地をひらく意図をもって生まれた。文庫という小さい形と、学術という壮大な城とが、完全に両立するためには、なおいくらかの時を必要とするであろう。しかし、学術をポケットにした社会が、人間の生活にとってより豊かな社会であることは、たしかである。そうした社会の実現のために、文庫の世界に新しいジャンルを加えることができれば幸いである。

一九七六年六月

野間省一

日本人論・日本文化論

1562

果てしなく美しい日本

ドナルド・キーン著／足立　康訳

若き日の著者が瑞々しい感覚で描く日本の姿。緑あふれ、伝統の息づく日本に思いを寄せて描き出した昭和三十年代の日本。時代が大きく変化しても依然として変わらない日本文化の本質を見つめ、見事に剔り出す。

1708

菊と刀　日本文化の型

R・ベネディクト著／長谷川松治訳

菊の優美と刀の殺伐――。日本人の精神生活と文化を通し、その行動の根底にある独特な思考と気質を抉剔する、不朽の日本論。「恥の文化」を鋭く分析し、日本人とは何者なのかを鮮やかに描き出した古典的名著。

1816

「縮み」志向の日本人

李御寧《イーオリョン》著（解説・高階秀爾）

小さいものに美を認め、あらゆるものを「縮める」ところに日本文化の特徴がある。入れ子型、扇子型、折詰め弁当型、能面型など「縮み」の類型に拠って日本文化を分析、「日本人論中の最高傑作」と言われる名著。

1990

「日本人論」再考

船曳建夫著

明治以降、夥しい数の日本人論が刊行されてきた。『武士道』『菊と刀』『「甘え」の構造』などの本はなぜ書かれ、読まれ、好評を博すのか。２０００超の日本人論の構造を剔出し、近代日本人の「不安」の在処を探る。

2012

武士道

相良　亨著

侍とはいかなる精神構造を持っていたのか？　主従とは、死とは、名と恥とは……『葉隠』『甲陽軍鑑』『武道初心集』『山鹿語類』など武士道にかかわる書を読み解き、日本人の死生観を明らかにした、日本思想史研究の名作。

2078

百代《はくたい》の過客　日記にみる日本人

ドナルド・キーン著／金関寿夫訳

日本人にとって日記とはなにか？　八十編におよぶ日記文学作品の精緻な読解を通し、千年におよぶ日本人像を活写。日本文学の系譜が日記文学にあることを看破し、その独自性と豊かさを探究した不朽の名著！

日本人論・日本文化論

2392
神野志隆光著
「日本」 国号の由来と歴史
「日出づる処の天子」の意味は？ 「倭」「やまと」と「日本」の関係は？ 平安時代から宣長を経て近代まで、「日本」の誕生とその変奏の歴史を厳密な史料読解で示す。新出資料「祢軍墓誌」についての補論も収録。

電P

2405
アレックス・カー著
犬と鬼 知られざる日本の肖像
日本は一九九〇年代、バブル崩壊を引き金に本質的に失敗した。経済、環境、人口、教育……。慢性的かつ長期的な問題を抱えるこの国の行き先は？ 日本をこよなく愛するVISIT JAPAN大使が警告する。

電P

2538
中橋孝博著
日本人の起源 人類誕生から縄文・弥生へ
日本列島の旧石器時代はいつからか？ 縄文から弥生への移行の真相は？ 明治以来の大論争を、古人類学の第一人者が最新人類学の到達点から一望検証。何がどこまでわかり、残される謎は何か、明快に解説する。

電P

2576
鈴木克美著
金魚と日本人
十六世紀初頭、中国からやってきた小さな黄金色の魚が、江戸時代に大ブームを巻き起こす！ 日本初の金魚論文や図版などの稀少史料をもとに、なぜ日本人がこれほど金魚好きか考察。「金魚学」の決定版！

電P

2618
熊倉功夫著
日本料理文化史 懐石を中心に
「懐石」と「会席」は何が違うのか。利休の「一汁二菜」「一汁三菜」はなぜ正統となったのか。和の食、その精髄たる懐石料理の誕生から完成、後世への継承の歴史に日本文化のエッセンスを見出す論考。

電P

2644
神崎宣武著
日本人の原風景 風土と信心とたつきの道
山と森林の列島に棲む日本人。その恵みの何を利用し、何を畏れ、人生の節目にどう生かしてきたのか。近世から高度成長期を経て、見失われた日本人の暮らしと人生の豊穣の意味を探る。

電P